A fé cristã explicada em 50 cartas

Gerhard Lohfink

A fé cristã explicada em 50 cartas

Tradução:
Milton Camargo Mota

Edições Loyola

Título original:
Gerhard Lohfink, *Der christliche Glaube erklärt in 50 Briefen*
© 2018 Verlag Herder GmbH, Freiburg im Breisgau
Hermann-Herder-Strasse 4, 79104 Freiburg, Germany
ISBN 978-3-451-34795-5

Dados Internacionais de Catalogação na Publicação (CIP)
(Câmara Brasileira do Livro, SP, Brasil)

Lohfink, Gerhard
  A fé cristã explicada em 50 cartas / Gerhard Lohfink ; tradução Milton Camargo Mota. -- São Paulo : Edições Loyola, 2024.

  Título original: Der christliche Glaube erklärt in 50 Briefen.
  ISBN 978-65-5504-339-6

  1. Doutrina cristã 2. Espiritualidade - Cristianismo 3. Fé (Cristianismo) 4. Teologia cristã 5. Vida cristã I. Título.

24-194282   CDD-230

Índices para catálogo sistemático:
1. Fé cristã : Teologia : Cristianismo   230
Aline Graziele Benitez - Bibliotecária - CRB-1/3129

Preparação: Carolina Rubira
Capa: Ronaldo Hideo Inoue
  Composição da imagem de © moodboard sobre fundo de © srckomkrit. Elementos gráficos adicionais de © Wiktoria Matynia e © o_a. © Adobe Stock.
Diagramação: Telma Custódio

Edições Loyola Jesuítas
Rua 1822 nº 341 – Ipiranga
04216-000 São Paulo, SP
T 55 11 3385 8500/8501, 2063 4275
editorial@loyola.com.br
vendas@loyola.com.br
www.loyola.com.br

Todos os direitos reservados. Nenhuma parte desta obra pode ser reproduzida ou transmitida por qualquer forma e/ou quaisquer meios (eletrônico ou mecânico, incluindo fotocópia e gravação) ou arquivada em qualquer sistema ou banco de dados sem permissão escrita da Editora.

ISBN 978-65-5504-339-6

© EDIÇÕES LOYOLA, Sao Paulo, Brasil, 2024

Para
Eliza Pieciul-Karmińska

Sumário

Prefácio 9
1ª Carta — Como a fé acontece 11
2ª Carta — Do animal ao ser humano 15
3ª Carta — Estendido ao infinito 21
4ª Carta — O Deus infinito 25
5ª Carta — Criação por amor 34
6ª Carta — A criação continua 38
7ª Carta — Como Deus se comunica 41
8ª Carta — De onde vem o sofrimento 46
9ª Carta — Abraão, pai da fé 53
10ª Carta — Por que precisamente Israel? 58
11ª Carta — O êxodo do Egito 60
12ª Carta — Morte no Mar Vermelho 64
13ª Carta — A ordem social do Sinai 68
14ª Carta — A ancoragem dos direitos humanos 74
15ª Carta — Rebelião em Israel 78
16ª Carta — Jesus, totalmente de Israel 83
17ª Carta — Jesus, totalmente de Deus 87
18ª Carta — Jesus, a presença de Deus no mundo 91
19ª Carta — A pretensão de Jesus 95
20ª Carta — Um indivíduo pode redimir o mundo? 101

21ª Carta — A morte de Jesus, uma morte sacrificial? 107
22ª Carta — A ressurreição de Jesus dentre os mortos 113
23ª Carta — Aparições do Ressuscitado 119
24ª Carta — A presença de Jesus no Espírito Santo 122
25ª Carta — O mistério do Deus trino 128
26ª Carta — O ano litúrgico 136
27ª Carta — O que se entende por Igreja 141
28ª Carta — A força dos sacramentos 145
29ª Carta — Acolhida na Igreja 151
30ª Carta — Fortalecimento com o Espírito Santo 157
31ª Carta — Comunhão à mesa com Jesus 161
32ª Carta — Arrependimento e cura 167
33ª Carta — Saúde aos doentes e moribundos 171
34ª Carta — Agir na autoridade de Jesus 175
35ª Carta — Sinal da fidelidade de Deus 179
36ª Carta — Viver dos sacramentos 183
37ª Carta — Viver da Sagrada Escritura 186
38ª Carta — Viver dos mandamentos 190
39ª Carta — Viver da oração 194
40ª Carta — O pai-nosso 198
41ª Carta — O "Glória ao Pai" 203
42ª Carta — Comunhão dos santos 206
43ª Carta — O que vem depois da morte? 211
44ª Carta — Diante da face de Deus 214
45ª Carta — O Juízo 217
46ª Carta — A misericórdia do juiz 220
47ª Carta — Unidos com o Ressuscitado 223
48ª Carta — A conclusão da criação 226
49ª Carta — O que significa Páscoa 231
50ª Carta — O risco da fé 235

Posfácio e agradecimentos 237

Glossário 239

Nomes e abreviaturas dos livros bíblicos 255

Prefácio

Os cristãos da Europa ainda se reúnem em suas grandes igrejas antigas. Mas as comunidades estão ficando menores e algumas coisas que costumavam ser tidas como certas estão desmoronando. Não é de hoje que ser cristão não é mais um modo de vida para muitos batizados. E, para tantos outros, a questão de Deus ou da Igreja tornou-se sem sentido. No entanto, curiosamente cresce o número daqueles que fazem novas perguntas sobre a fé cristã. Querem conhecê-la melhor, querem saber realmente o que é a condição cristã. Depois de encontrar cada vez mais pessoas com dúvidas sobre a fé cristã nos últimos anos, atrevi-me a escrever este livro.

Escolho a forma de cartas para o que quero dizer, pois gostaria de evitar ao máximo a forma de "tratado", de "ensaio". Escrevo para uma família fictícia. Isso não exclui a possibilidade de que este livro também contenha cartas que escrevi para destinatários reais.

É claro, muito mais poderia ser dito sobre a fé cristã. Tive de fazer uma seleção. Mas espero que as coisas mais importantes estejam expressas nestas 50 cartas. Sei, evidentemente, que não se pode aprender o "ser cristão" com livros. Para tanto, acima de tudo, precisamos estar junto com outros cristãos, precisamos do "uns pelos outros" em uma comunidade cristã. Desejo sinceramente que todos os meus leitores encontrem e vivam numa comunidade assim. Com grande gratidão, dedico este livro à tradutora dos meus livros para o polonês, Dra. Eliza Pieciul-Karmińska, Professora da Universidade de Poznań.

Munique, janeiro de 2018
Gerhard Lohfink

Conceitos que são relevantes na fé cristã, mas podem ser desconhecidos para pessoas de fora, são tratados no próprio texto sempre que possível. Do contrário, eles são explicados num glossário no final do livro. Um asterisco (*) após o termo em questão indica isso. No final do livro há também um índice de abreviaturas de todos os livros da Bíblia.

Como a fé acontece

Estimadíssimo Sr. Westerkamp,

    Você me pediu algo que inicialmente me deixou sem dormir por uma noite: ajudar sua esposa e você a conhecer a fé cristã. Isso me causou insônia. A princípio, nada vi além de dificuldades. Posso ensinar isso, afinal? A fé é mais do que um pacote de informações que poderíamos simplesmente passar adiante. Ao mesmo tempo, seu pedido também me fascinou. Pode-se pensar em algo melhor do que conversar com alguém sobre a razão e a beleza da fé cristã? É o que lhes prometo com esta carta. Quero tentar fazer isso.

    O fato de vivermos tão distantes – você no Norte e eu no Sul – não precisa ser um inconveniente. A Internet nos oferece muitas oportunidades para superar distâncias com facilidade. Contudo, por enquanto gostaria de me limitar a cartas mais longas. A forma de carta exige que sejamos (relativamente) concisos, mas ainda nos permite fazer asserções claras e fundamentadas. Eu, a cada vez, terei de falar sobre determinado aspecto da fé em algumas páginas. De sua parte, você deve dizer abertamente quando tiver dúvidas ou dificuldades. É claro, seria interessante se pudéssemos nos encontrar em algum momento para conversas mais longas. Mas, de início, vamos ficar com as cartas.

Afinal, qual é o objeto da fé cristã? Imediatamente nos deparamos com uma tensão que perpassa tudo: seu objeto é a coisa mais elevada que existe, isto é, Deus. E não podemos falar sobre Deus como falamos sobre "coisas" quaisquer. Deus é santo, oculto e intangível. Deus não é mundo. Ele criou o mundo, mas ele mesmo não é o mundo. Esse é um dos lados.

Outro lado é que a fé cristã trata do mundo de coisas muito tangíveis. Trata de grandes e pequenas coisas da nossa vida real. Tudo o que fazemos sempre tem relação com a fé e deve ser moldado por ela. A fé é mais do que um apoio, é mais do que um auxílio para situações difíceis. Ela é uma forma de vida.

Devemos enfrentar essa tensão entre o Deus invisível, diante do qual todas as nossas palavras e imaginação falham, e o mundo real e visível que compõe nossa vida. Deus não é o mundo, ainda assim ele quer a existência do nosso mundo. Ele é incompreensível, ainda assim devemos falar sobre ele com palavras que vêm de nossa experiência de mundo.

Outra coisa está estreitamente relacionada a essa tensão elementar é o fato de que a fé é algo que não podemos criar. Ela deve ser dada a nós, não podemos extraí-la de nós mesmos. Trata-se de um dom, uma graça.

No entanto, quando alguém alcança a fé, sempre há pessoas envolvidas. Eu mesmo tive pais muito religiosos. Não sei se sem eles eu teria chegado à fé. E, em momentos cruciais de minha vida, conheci outras pessoas cuja fé eu pude sentir, nas quais pude ver como é possível viver como cristão. Além disso, certos livros me ajudaram a ter uma compreensão mais profunda da fé. Eles não caíram do céu, mas foram escritos por mãos humanas. Em suma, a fé vem de Deus, no entanto, é transmitida a nós pelas pessoas.

Isso adquire máxima clareza em Jesus, pois ele provém inteiramente de Deus; contudo; é um ser humano real, formado da história de Israel*. O que ele proclama é a palavra de Deus, não obstante, essa palavra ocorre inteiramente em linguagem humana. Esta é a magnitude, a imensa e fértil tensão que pertence à fé cristã.

Mas vamos finalmente ao que motivou sua carta! Como você escreveu, sua filha de nove anos, Hannah, há alguns meses lhe disse que gostaria de fazer a Primeira Comunhão* com outras meninas de sua classe. Se entendi bem sua carta, você mesmo não é batizado. Sua esposa foi batizada e crismada, mas depois perdeu todo o contato com a Igreja. De repente veio esse desejo de sua filha. Foi inteligente de sua parte não tentar dissuadi-la do que ela desejava.

É fácil encontrar uma explicação para uma criança de nove anos ter o desejo de fazer a mesma coisa que seus amigos estão fazendo. Ao mesmo tempo, costuma haver muita curiosidade em jogo em relação ao que é diferente. É provável que até mesmo o vestido branco que as meninas costumam usar na Primeira Comunhão tenha desempenhado um papel importante. Os psicólogos vão levantar muitas teses a respeito, e o que eles dizem também não está errado. No entanto, você e sua esposa simplesmente não sucumbiram a essas explicações psicológicas. Você não disse à sua filha: "Ah, vamos lá, isso logo passa!". Em vez disso, você tratou o pedido dela com cuidado e o respeitou. Você escreve: "Nós não sabíamos o que realmente estava se passando em seu âmago. E não queríamos destruir nada".

Aqui você tem um exemplo claro da tensão de que falei anteriormente. Por um lado, é possível explicar de uma maneira completamente normal e natural o desejo que sua filha lhe apresentou. A vida é assim mesmo. Por outro, Deus age por meio dessas coisas humanas. Você e sua esposa se mostraram abertos à ideia de que poderia haver algo maior, que vocês não controlam e que não deveriam tocar. Por isso você me escreveu. Vocês não queriam retirar nada de sua filha e, ao mesmo tempo, sabiam que também são afetados por todo esse processo.

Hannah, então, fez o curso preparatório para o batismo, foi batizada e logo depois recebeu a Primeira Comunhão, juntamente com várias de suas colegas de escola. Você escreve: "Foram dias muito agradáveis nas duas ocasiões, serenos e ao mesmo tempo festivos. Nós dois, minha esposa e eu, descobrimos algo novo em nossa filha que não conhecíamos antes: determinação e grande seriedade. Ambas qualidades nos tocaram profundamente. Quando Hannah inclinou a cabeça sobre a pia batismal, minha esposa chorou".

Tudo isso teve consequências sobre vocês dois. Vocês não querem deixar Hannah sozinha, não querem que sua filha dê importância a algo que vocês não conhecem ou sobre o qual sabem muito pouco. Mas, na verdade, é mais do que isso; talvez vocês queiram trilhar o mesmo caminho que Hannah está seguindo repleta de alegria.

Pelo caminho de sua filha, podemos ver como a fé pode acontecer, pois algo muito humano está presente. Não desce nenhuma voz do céu, não vemos de súbito um mundo completamente novo, tampouco o velho mundo precisa se desintegrar, mas nos deparamos com algo novo e inesperado. Deus pode nos alcançar de variadíssimas maneiras. A fé vem somente dele, contudo é sempre mediada por pessoas. Além disso, a fé tem uma história. Começa em algum lugar, muitas vezes com coisas aparentemente insignificantes, então o inesperado acontece e tudo fica emocionante.

Quando reflito sobre isso, é felicidade que sinto por ter tido uma noite sem dormir. Sou grato a vocês dois por me colocarem na posição de me envolver com o que está acontecendo em sua família. Isso vai me fazer bem. Nesse estado de gratidão, saúdo a você e a sua esposa calorosamente.

2ª Carta

Do animal ao ser humano

Estimadíssimo Sr. Westerkamp,

Muito obrigado por sua amistosa... Não! Por sua afável resposta! Você, assim como sua esposa, mostrou- se plenamente de acordo com minha proposta. Então, por ora vamos manter a comunicação por cartas. No entanto, como você pretende fazer mais do que apenas ler minhas cartas e tem de fazer pesquisas constantemente em seu trabalho, você fez o mesmo com relação à fé. Buscou o termo "Comunhão" na *Wikipedia* e leu que a Santa Comunhão é "administração e recepção dos dons do pão e do vinho, que representam o corpo e o sangue de Cristo". E agora você está perguntando sobre o "sangue" e o que realmente significa "representar" aqui.

Devo abordar isso neste momento? Prefiro não (por enquanto), isso porque falei várias vezes sobre Deus em minha primeira carta, que ele é santo, oculto e inexplicável. No fundo, só isso já foi demasiado. Não posso simplesmente começar falando alegre e livremente, por assim dizer, sobre Deus, e muito menos sobre os sacramentos da Igreja. Algo deve vir primeiro. Antes de falar sobre Deus, devemos falar sobre o mundo e o homem, pelo menos é assim que eu vejo. Nosso plano deve começar pelo ser humano. Como devemos olhar para ele? O que o torna especial? É apenas um animal altamente capacitado, dotado de um cérebro com maior capacidade de armazenamento e conexões neurais mais densas do que o cérebro dos macacos?

O século XX ainda não estava muito avançado quando o fundador da psicanálise, Sigmund Freud, falou das "três grandes feridas narcísicas da humanidade". A primeira ferida foi a percepção de Copérnico de que a Terra não é o centro do universo. A segunda é o que conhecemos desde Charles Darwin, de que o homem evoluiu do mundo animal. E a terceira ferida é que uma grande parte da vida mental humana escapa à nossa consciência, em nosso inconsciente acontecem coisas sobre as quais não temos controle, não somos mestres em nossa própria casa. Sigmund Freud afirmou que esses três *insights* revolucionários abalaram a humanidade, feriram profundamente o ser humano que não é mais o centro do mundo, não está mais separado dos animais e não é mais senhor de si mesmo.

Devo admitir que até hoje não entendi essas três famosas "feridas". Nunca me senti o centro do mundo. E ainda é muito questionável se nossos ancestrais um dia se sentiram assim. Nem me choca que o planeta Terra seja apenas uma partícula de poeira num vasto universo. Ao contrário, admiro o universo e fico surpreso com o fato de que a vida seja possível nesse espaço infinitamente amplo, gelado e repleto de radiação mortal.

E os espaços abismais do inconsciente? Claro que me assusto quando sonhos afloram em mim durante a noite e, ao acordar, percebo quantas fantasias confusas, quantos medos de fracasso e quantos desejos obscuros fazem morada em minha alma. E constato, com tristeza, que continuo fazendo coisas que realmente não quero fazer ao longo do dia. Mas também sinto que me proíbo certas coisas, que posso refrear minha imaginação e que das fontes do inconsciente não jorram apenas coisas confusas, mas também coisas necessárias e belas, essas são soluções para o que parecia insolúvel no dia anterior e, além disso, existe o afeto, a devoção e a gratidão. Por que eu deveria me sentir ferido pelo reino do inconsciente dentro de mim? Ele me conecta com a origem do ser humano e as profundezas do mundo. Não é propriamente nesta profundidade que se encontra o lugar em que Deus pode dirigir a mim sua suave palavra?

E por que deveria me sentir ferido com o fato de os humanos terem se originado do reino animal num processo extremamente longo e complexo? Eu me maravilho com a incrível riqueza de espécies que encontro continuamente: as minúsculas flores azuis à beira do prado, cujos nomes ainda desconheço; o indescritível verde fluorescente de um besouro que recentemente caminhou sobre minha mão; o andar flexível do gato que passeia pelo meu gramado todas as manhãs; as moscas, de que não gosto muito e cuja rapidez sempre me espanta quando minha mão tenta espantá-las.

Deveria realmente me sentir ferido com o fato de que Deus não formou o homem de um monte de barro, como a Bíblia descreve logo no início numa síntese simbólico-poética? Com o fato de que Deus pôs em marcha uma evolução incompreensível, passando por compostos orgânicos, por macromoléculas, por bactérias e algas, por medusas e anfíbios, pelos primeiros animais terrestres, por vertebrados e mamíferos, pelos nossos ancestrais símios até chegar ao *homo sapiens*?

Em minha carta anterior, Sr. Westerkamp, foi dito que Deus age por meio das pessoas. Esse fundamento da teologia deve ser expandido, ou seja, Deus nunca intervém no curso do mundo e da história por meio de *ações isoladas*. Na história, ele sempre age por meio dos humanos; na origem da vida (e, é claro, também em outros casos) ele age por meio das chamadas *causas secundárias**: os gases se combinam, surgem moléculas, as primeiras células com metabolismo e reprodução são formadas e assim por diante até chegar ao ser humano, até chegar a sua filha que está fazendo lições escolares ou brincando no quintal. Tudo se desenvolve a partir de uma cadeia de causas "naturais", mas o todo provém, do início ao fim, da mão criadora de Deus.

De fato, não consigo ver nisso tudo nem uma ferida infligida ao homem, nem uma depreciação de Deus! Uma criação que Deus deseja que se desenvolva desde o *Big Bang* até o espírito humano é, para mim, muito maior e mais admirável do que os antigos mitos da humanidade sobre a origem do mundo. Deve-se observar que a história da criação no início da Bíblia não é um mito, ali os mitos antigos já estão desencantados com agudeza teológica. O sol não é um deus e a lua não é uma deusa, mas eles são "luminares" criados por Deus (Gn 1,16). Foi possível descrevê-los com os meios do conhecimento da natureza *daquela época*.

Simplesmente não consigo ver nenhuma ferida no fato de que meu esqueleto, meu sistema nervoso, meu trato digestivo e todo o meu organismo em geral remontam ao mundo animal, no qual foram desenvolvidos ao longo de milhões de anos em muitas tentativas e incontáveis fracassos.

Eu sei, claro, que justamente esse enraizamento do homem no reino animal levou muitos pesquisadores a negar o espírito e a liberdade do homem. Seu pretenso livre-arbítrio nada mais seria do que mera imaginação e autoengano. Segundo eles, na realidade tudo o que o ser humano faz é guiado por processos físicos e químicos. Nada contra processos físicos e químicos! Claro que eles estão em atividade em todos os lugares e o tempo todo e sem eles não haveria vida humana.

No entanto, posições desse tipo são uma simplificação frívola. É mais ou menos como dizer de uma pintura famosa e fascinante: "O que é essa pintura? Nada mais é do que 700 gramas de tela, três quilos de moldura e, além disso, 200 gramas de tinta em forma de pinceladas." Em si, esses dados não podem ser postos em dúvida. Estão corretos. Mas fazem justiça à imagem? A pintura é decididamente mais do que isso!

Tenho um exemplo ainda melhor: se tudo o que fazemos é determinado por processos puramente físicos e químicos, então nada mais somos do que marionetes, biomáquinas e robôs. Nesse caso, a afeição humana é uma esperança vã; o amor, uma ilusão. Mas sabemos que o que há de fascinante no amor é justamente o fato de que outra pessoa se volta livremente para mim. Se sua afeição nada fosse além de controle e coerção, eu não a suportaria por muito tempo. Você usa um robô, mas não o ama.

Claro, não temos atos de liberdade o dia todo. A maior parte do que fazemos é regra que se tornou hábito, é ritual, rotina. Mas então pode chegar a hora em que devemos decidir o que temos de escolher, o momento quando por fim fazemos livremente o que foi amadurecido em muitos pequenos passos.

Aliás, é estranho, justamente aqueles pesquisadores do cérebro que negam sistematicamente o livre-arbítrio se esforçam ao máximo para que adotemos seu ponto de vista. Eles literalmente dizem que devemos finalmente parar de falar sobre liberdade! Como foi o caso, por exemplo, do neurofisiologista Wolf Singer! Isso nada mais é do que um *apelo* dirigido a nós. E, claro, um apelo pressupõe liberdade. A menos que a frase "Devemos finalmente parar..." seja uma espécie de fórmula mágica com um suposto efeito irresistível. Cientistas no papel de mágicos? É evidente que qualquer um que negue o livre-arbítrio se enreda inevitavelmente em autocontradições.

Sr. Westerkamp, pode ser que você e sua esposa considerem tudo isso como algo resolvido e que vocês não tenham dúvidas a esse respeito. Você ama sua filha e sabe que esse amor é mais do que instinto animal ou controle hormonal. Vocês se amam e não querem que seu amor se baseie em coerções ocultas, mas sim na livre afeição. Pensar assim é algo profundamente humano, até mesmo cristão. A Igreja sempre pensou generosamente a respeito do ser humano. Ela diz que o homem é amado por Deus e pode responder a esse amor em liberdade.

Que ele possa fazer isso é o objetivo de toda evolução, o objetivo de um caminho infinitamente longo desde as primeiras algas azuis até os olhos amorosos com que sua esposa e sua filha Hannah olham para você. Saúdo a vocês três cordialmente.

Estendido ao infinito

Estimadíssimo Sr. Westerkamp,

 Obrigado por sua resposta. Em relação à minha última carta, você chama minha atenção para um incidente de que ouviu falar em algum momento do passado. Procurei na Internet e o encontrei sem muita dificuldade, é o que narro a seguir.

 Em 1931, o professor Winthrop Kellogg, psicólogo americano, começou um experimento que ele havia preparado bem e ao qual havia dedicado bastante reflexão. Ele levou a chimpanzé Gua, de sete meses, para morar com sua família. Ela foi criada com seu filho de 10 meses, Donald, e recebeu o mesmo tratamento em tudo: banho, roupa, beijos, cadeira infantil, carrinho etc. A intenção de Kellogg era ver se a jovem chimpanzé adotaria hábitos humanos, como, por exemplo, modos à mesa ou o aprendizado de pelo menos uma linguagem humana rudimentar. No entanto, o experimento teve um resultado diferente do que o professor esperava.

 A macaquinha se integrou ao ambiente até certo ponto. Mas a adaptabilidade verdadeira foi evidente em Donald. Ele aprendeu a falar com assustadora lentidão. Em compensação, ele logo foi capaz de imitar perfeitamente o modo como a chimpanzé pedia comida. Com ofegos irregulares, ele sempre pedia laranjas como Gua. Ele era melhor escalador do que qualquer criança da mesma idade ao seu redor e, mesmo quando aprendeu a andar, preferia se mover de quatro. Ele carregava objetos na boca e lambia restos de alimento do chão.

Seu pai achou que era hora de dar um basta no dia em que Donald começou a roer os sapatos. Ele interrompeu o experimento (a mãe já não o queria mesmo). E veja só: o pequeno Donald compensou a falta de desenvolvimento com grande rapidez quando Gua foi transferida para um zoológico. Mais tarde, obteve seu doutorado em medicina. Quando seus pais morreram, ele se suicidou.

O que essa história mostra? Que é muito mais fácil fazer de um homem um macaco, do que de um macaco um homem? Mas, falando sério, os humanos carregam em si algo que os distingue fundamentalmente de todos os animais. Seu estágio de desenvolvimento não pode ser alcançado por animais. O processo de tornar-se humano não pode ser reproduzido. Mas o que faz de um ser humano um ser humano?

Não é o uso de ferramentas. Isso também acontece com os animais. Por exemplo, em certas espécies de tentilhões que pegam espinhos com o bico e os usam para procurar comida. E até mesmo nossos ancestrais animais usavam seixos para quebrar grossos ossos que continham tutano.

É a linguagem? Signos de comunicação também são comuns no reino animal. Bem como a transferência de informações. Lembro-me de um filme que vimos na aula de biologia uma vez. Ele mostrava a dança das abelhas na colmeia. Essa dança chama a atenção das outras abelhas para uma fonte de alimento, indicando-lhes não apenas a direção em que devem voar, mas também a distância.

Os animais têm desempenhos inteligentes, muitas vezes em grau admirável. Há afeição, fidelidade e até algo como tristeza em animais superiores, além de ajuda mútua e divisão de trabalho em outros. Não podemos nem mesmo descartar por completo a autoconsciência em vários animais. Qual é a diferença então? O que distingue os humanos dos animais?

A diferença está no livre-arbítrio, sobre o qual falei antes. Como também está no pensamento. Um bloco de construção básico do pensamento é a formação de conceitos. Para aquela estrutura peculiar diante da qual nos sentamos e comemos, não dizemos "isso aí", mas "mesa". Com isso formamos um conceito que inclui inúmeros objetos do mesmo tipo. Usar uma única palavra para nomear um número infinito de objetos que são iguais e também diferentes é uma coisa tremenda. A coisa toda se torna ainda mais ousada quando usamos termos para formar frases avaliadoras "Isto aqui é uma mesa", "Esta mesa é redonda" ou ainda "Mesas, cadeiras e armários são móveis". Tal capacidade de abstração pressupõe que o homem possa ver uma coisa concreta, um "aquilo ali", diante de um horizonte infinito.

E esse horizonte infinito se revela em muitas outras coisas. O ser humano forma sistemas numéricos, calcula e trabalha com séries de números que se estendem ao infinito. Está sempre desejando algo novo que precisa possuir e, depois de quatro semanas em posse do objeto, já passa para o próximo que adiciona à massa de coisas que se empilha ao seu redor. Está em busca constante pelo novo, o não experimentado, o não conquistado. Anseia pelo desconhecido e pela aventura. O anseio o leva a outros países e além-mar. Sai de férias todos os anos e não as passa em seu país, mas em alguma ilha do Caribe. Sua sede de conhecimento nunca é satisfeita. Sua alegria de descobrir produz sempre novas pesquisas, até mesmo campos completamente novos da ciência.

O ser humano pode indagar a respeito da verdade, não quer saber de aparências, do que é suposto, do desejado, mas daquilo que *é*. Ele tem a faculdade de querer o bem, não o que ele apreciaria, não o que lhe seria agradável, mas o que é adequado, o que é apropriado, rigorosamente o bem. O homem anseia pelo infinito; esse anseio lhe é inerente. A vaca se contenta com o capim que come no pasto. Ela não admira as estrelas, às quais é completamente indiferente. O homem não só admira as estrelas, como também as nomeia. Envia sondas espaciais para explorar Júpiter, o maior planeta do sistema solar. Ele questiona tudo. Ele não se se limita a perguntas do tipo: Quem? O quê? Como? Onde? Quando? Por quê? De onde? Para quê?

Aliás, esse anseio pelo infinito também se reflete no fenômeno da arte. Qual é a diferença entre um quadro mal pintado que você olha e imediatamente esquece e um quadro que você pode ver todos os dias e do qual nunca se cansa? Evidentemente pinturas que nunca nos cansam revelam algo do infinito. E por que tantas pessoas são atraídas para concertos? Naturalmente, há músicas que não só despertam muitas coisas em nós e ressoam em nosso íntimo, mas que também definem o infinito e o absoluto. E por que o ser humano reza? Ele reza em todos os séculos, em todas as épocas, em todas as culturas. Só por necessidade? Só para lamentar? Só para suplicar? Ou será por que ele também quer se estender ao infinito? No final do século IV, o grande teólogo Agostinho disse o seguinte em suas *Confissões*, que são uma longa oração: "Fizeste-nos para ti e inquieto está o nosso coração enquanto não repousa em ti".

Certamente há em nossa vida muitas inquietações que seria melhor se desaparecessem, mas há também um tipo de inquietação que reflete o que Agostinho está formulando. Ou o desejo de Hannah de celebrar a comunhão* não seria, de modo muito discreto e despercebido por ela, sustentado por esse desejo que repousa profundamente em nós e deixa nosso coração inquieto? Saúdo a todos vocês com muito carinho.

4ª carta

O Deus infinito

Caro Sr. Westerkamp,

Você me pergunta se é possível parar com o "Estimadíssimo". Atendo seu pedido com satisfação e, claro, sinta-se à vontade para fazer a mesma coisa. Você também escreve que eu deveria falar mais detalhadamente sobre Deus. Disse que estou sempre mencionando essa palavra e que, de alguma forma, Deus é uma obviedade para mim. Mas acrescenta que até agora eu tenho evitado dizer claramente o que entendo por Deus e como alguém deve imaginá-lo.

Você está absolutamente certo, é hora de falar sobre Deus. Isso não significa, no entanto, que vou lhe dizer como imaginar Deus. Não podemos imaginar Deus. Quando tentamos, o que imaginamos não é Deus.

Isso é ruim? Não. Acho bom que seja assim. Deus é infinitamente maior do que qualquer imaginação que possamos ter. Um Deus que pudesse ser visualizado seria um pequeno ídolo. Ele nada teria que ver com o verdadeiro Deus. A teologia cristã diz com razão que não podemos dispor de Deus. Isso significa que ele é inconcebível, inexplicável.

Sem dúvida, existem imagens e esculturas de Deus Pai na arte cristã. Não sei quando esse tipo de coisa começou. Provavelmente já na Idade Média. Mas também existem manuscritos medievais que não retratam Deus, mas apenas mostram sua mão na margem superior das imagens. Isso me parece muito melhor. Eu mesmo cultivo há muito tempo uma resistência silenciosa contra todas as reproduções de Deus. Na maioria das vezes elas me repelem. Nem mesmo a famosa criação de Adão na Capela Sistina faz justiça a Deus. Aquele homem voando com um belo nariz, uma barba grisalha bem cuidada e músculos do braço bem definidos me deixa impassível.

Entendo que os cristãos foram impelidos a retratar Deus Pai. De um ponto de vista teológico, contudo, isso tem seus problemas. No Evangelho de João, o mais novo dos quatro evangelhos, há uma passagem em que Jesus diz: "Quem me vê, vê o Pai" (Jo 14,9). Isso significa que Jesus é a presença perfeita de Deus. Quem o ouve, ouve Deus. Quem o vê, vê Deus. Quem quer saber quem é Deus precisa olhar para Jesus. Jesus é a definição permanente e insuperável de Deus. Quem quer imaginar Deus deveria desistir dessa ideia e olhar para o Jesus dos Evangelhos. É o suficiente.

O que quero dizer é que não devemos querer *imaginar* Deus. Tais tentativas sempre falharão. Mas isso não significa que não devemos *pensar* em Deus. "Pensar em Deus" é outra coisa. Quando a fé cristã diz que Deus é eterno, infinito e insondável; quando diz que Deus é onipresente e onisciente, onipotente, santo, justo e misericordioso está *refletindo* sobre Deus por meio de conceitos que ultrapassam nossa imaginação.

Os teólogos cristãos sempre lidaram intensamente com um questionamento a respeito de ser ou não possível falar sobre Deus e, em caso afirmativo, de que maneira. E todos concordaram que, quando *pensamos* em Deus, os conceitos empregados são de um tipo diferente do que quando usamos os conceitos usuais de nossa vida cotidiana.

Se digo, por exemplo, que Deus é "todo-poderoso", sem dúvida devo partir do que tenho na cabeça segundo minha experiência relativa a "poder". Devo partir do poder da natureza, do poder do Estado e do poder que pessoas carismáticas podem exercer. Devo partir do poder da grande poesia, do poder da música e do poder do amor, enfim, dos "poderes" que existem em nosso mundo e que podem realizar coisas incríveis ou terríveis. Mas, em seguida, devo negar todos esses conceitos de poder e dizer que o "poder" de Deus é algo completamente diferente. A dessemelhança é inimaginavelmente maior do que a semelhança. Sendo assim, só posso falar sobre Deus mediante negações da experiência humana. Sim, devo *partir* da experiência humana. Mas depois devo dizer que com Deus é completamente diferente!

Um segundo exemplo é que posso dizer que Deus é "justo"; mas devo dizer imediatamente depois que sua justiça é infinitamente maior e, portanto, completamente diferente de qualquer justiça humana. Ela é ao mesmo tempo pura misericórdia.

Um terceiro exemplo é que A fé cristã diz: Deus é "eterno". Mas o que é "eterno"? Quando falamos de "eterno", involuntariamente imaginamos uma interminável linha temporal que não tem começo nem fim. Mas a eternidade de Deus seria assim? Esse tipo de eternidade em nada consistiria além de um tempo infinitamente longo, e Deus está além de todo o tempo, portanto, sua eternidade deve ser outra coisa, algo inimaginável para nós.

Qualquer teologia que tente pensar Deus é, se corretamente entendida, uma teologia *negativa*. Tudo o que ela pode dizer é que Deus simplesmente não é *assim*, também não é *assim* e certamente não é *assim*. Eu volto a perguntar: isso é ruim? Para mim é absolutamente libertador. Porque essa teologia *negativa* nos protege das falsas imagens de Deus. Isso nos impede de tentar construir para nós um Deus como desejaríamos que ele fosse. Isso nos impede de usar Deus para nossos propósitos. Quantas vezes pessoas foram mortas em nome de Deus! Isso não aconteceu apenas na Idade Média cristã, está acontecendo em nossos dias. Fanáticos "guerreiros de Deus" continuam matando outras pessoas e invocando a vontade de Deus. Portanto, é bom que a teologia nunca deixe de criticar severamente todas as imagens falsas de Deus.

No entanto, tendo chegado até aqui, isso gera uma grave questão. Realmente, como é isso na Bíblia? Deus não fala como um ser humano? Ele não sente como um humano? Não age como um humano? Logo no início da Bíblia, no livro de Gênesis, Deus forma o homem do pó da terra, então sopra o hálito da vida em suas narinas e logo em seguida ele passeia no Jardim do Paraíso na brisa da tarde (Gn 2,7; 3,8). A Bíblia inteira fala de Deus como se ele fosse humano. Deus se alegra ou se zanga, Deus se volta para o homem ou desvia o rosto, Deus abençoa ou amaldiçoa. Como isso se concilia com o que eu disse sobre a teologia negativa? Por que a Bíblia se permite humanizar Deus dessa maneira?

Em primeiro lugar, essa humanização está ligada ao fato de que só podemos falar de Deus por meio de imagens. Só temos a alternativa de falar sobre Deus em imagens e parábolas ou permanecer em silêncio. Em grande parte, o discurso bíblico é *figurado*. E a Bíblia sabe disso. Por isso, muitas vezes ela cria imagens com imagens, ou seja, contrasta uma primeira imagem com uma segunda, colocando a primeira em perspectiva. É o que acontece, por exemplo, no livro do profeta Oseias. Ali a ira judicial de Deus de repente se transforma em piedade e se diz: "Eu sou Deus e não homem, sou Santo no meio de ti" (Os 11,9).

Aqui a própria Bíblia se volta contra todas as humanizações de Deus. No entanto, ela fala "humanamente" de Deus e há outra razão para isso. Só assim a Bíblia pode assegurar que Deus é "pessoa". Ele não é "o divino", não é uma espécie de "razão primordial do mundo" ou "vibração da natureza" e muito menos um "campo energético dinâmico", como os esotéricos de hoje evocam tão encantadoramente, mas é "pessoa".

Quando falamos do *ser humano* como pessoa, isso significa: eu inconfundível; individualidade intransferível, insubstituível; um *self* único, nunca antes existente e, portanto, irrepetível, indivisível e livre. Evidentemente, em relação a Deus esse conceito de pessoa, que se adquire junto ao ser humano, também deve ser questionado de forma crítica, aprofundado e exagerado. Isso porque Deus é realmente a "contraparte" em relação a nós. Ele tem uma "face". Ele "olha para nós". "Vê" nossa necessidade. Não pode nos "esquecer". Ele nos "ama".

Então, quando falamos de Deus, não podemos evitar essa linguagem humanizadora. Caso contrário, abriríamos mão da "contraparte", do "Tu" que ele é para nós ou teríamos de ficar calados sobre ele. Deve-se notar que as imagens de Deus criadas a partir da linguagem são algo mais do que imagens pintadas ou de filmes, pois são mais abstratas que as pintadas e são mais eficazes teologicamente do que sequências cinematográficas.

Caro sr. Westerkamp, penso que isso basta para a questão sobre como podemos, afinal, falar de Deus. Contudo, permanece aberta a pergunta sobre sua existência. Tudo o que eu disse até agora não responde a esta indagação. Não pode ser respondida em poucas frases. Deus existe?

É claro que eu poderia me referir à longa história da cultura humana, aos muitos povos, às muitas religiões, todas pressupõem que existe o divino, que existem deuses ou que existe Deus. É instigante pensar que, tanto quanto podemos examinar a história, não há povo sem religião. Em cada povo existe o puramente "Outro", ao qual os humanos se abrem, no qual devem confiar e que devem adorar. No entanto, "religião" surge nas formas mais diversas e às vezes mais terríveis.

É por isso que prefiro não tratar de religiões neste momento. Na verdade, eu teria de falar longamente sobre as experiências de Israel com seu Deus, mas isso farei mais tarde em outros contextos. Nesta carta, quero apenas lhe apresentar uma alternativa. Eu pediria a você e a sua esposa que simplesmente imaginassem duas "visões" de mundo diferentes, fundamentalmente distintas. Formulo essas visões usando a primeira pessoa para que a coisa toda se torne mais viva. Duas pessoas diferentes conversam. Deus não ocorre na vida da primeira, enquanto a vida da segunda é determinada por Deus.

A primeira visão de mundo: "Não sei de onde vem o universo. Muito provavelmente, o mundo sempre existiu. Talvez um dia a ciência saiba mais a respeito disso. Mas não estou interessado. O que me interessa é como se pode viver hoje. O que eu preciso acima de tudo é de saúde, essa é a coisa mais importante e farei tudo por isso. Também invisto tempo e energia em minha formação profissional. Quero fazer algo que valha a pena e, claro, ganhar o suficiente para construir uma casa decente e viver sem grandes preocupações. Quero algo da vida. Obviamente, também quero uma família. Não quero viver sozinho. Quero estar com os outros, apoiá-los, e espero que um dia outros me apoiem também. Nem preciso dizer que desejo paz e ordem para o mundo, ou seja, Estados racionais, onde haja justiça e segurança. Eu me empenho por essa sociedade. Por isso entrei para um partido que tem um programa humano e ecológico. Convenhamos, deve haver 'valores' que sejam reconhecidos pelo maior número possível de pessoas. Lutamos por esses valores. Mas 'lutar' é uma palavra grave. Não gosto dessas palavras graves. O que importa são as pequenas coisas como cortesia, decência, ouvir, ajudar.

É claro que deve haver justiça social e segurança para a velhice. Espero uma velhice tranquila. Morrerei um dia. Isso não me assusta. Terei vivido e amado. Mas em algum momento há um término, fim de expediente, um *finale*. É assim mesmo. Isso é simplesmente parte da vida. Quando eu morrer, tudo estará acabado para mim. Espero então que meus filhos ainda continuem a viver em paz."

Essa seria a primeira "visão de mundo" ou, se preferir, "interpretação de mundo". Muitos não diriam tudo isso tão diretamente. Mas esse ponto de vista existe e é generalizado. Claro, essa visão de mundo ocorre de diversas maneiras. Algumas pessoas praticam esportes em demasia e frequentam uma academia. Outras se empenham pelo bem-estar animal. Outras ainda lutam contra o estrangeirismo causado pelo excesso de imigração. Muitas não lutam e apenas vivem um dia de cada vez. Algumas nunca pensam na morte. Outras estão pensando atualmente no que chamam de *exitus* "humanamente digno". Como eu disse, essa visão de mundo vem em muitas formas, mas, apesar de todas as variantes, ela renuncia completamente a Deus. Deus não aparece na vida das pessoas com esse tipo de perspectiva. E elas não lutam contra Deus, o fato é que Deus lhes é indiferente.

Agora a *segunda "visão de mundo"*, novamente num relato em primeira pessoa:

"Não acredito que o mundo sempre tenha existido, por si só, por assim dizer. Certamente, não surgiu 'espontaneamente' do nada. Sim, é bom que a pesquisa científica esteja em constante avanço e trabalhe com métodos cada vez mais diferenciados. No entanto, há muito tempo se constata que, quanto mais perguntas os cientistas respondem, mais questões surgem e mais espaços desconhecidos se abrem. O mundo só pode ser entendido se crermos em Deus como seu criador. Estou convencido de que minha vida não é mero acaso. Deus me quis. Ele quer minha felicidade e o êxito da minha história.

"Sendo assim, gostaria de dar uma resposta a ele. Não acho que sejam suficientes os 'valores' sustentados pelo consenso na sociedade. Como Deus quis o mundo e o criou, ele tem uma estrutura de ordem clara. A imagem do ser humano na Bíblia, especialmente nos mandamentos, mostra algo dessa ordem: 'não roubarás', 'não cometerás adultério', 'não matarás', estes não são 'valores' que se mantêm e caem segundo a aprovação da sociedade. Mas esses (e todos os outros) mandamentos de Deus derivam da criação, tal como ela foi desejada por Deus. Além disso, amo minha família, mas não apenas porque é minha gente, mas porque me foi dada por Deus. Sei que sempre haverá problemas como opiniões diferentes, mal-entendidos, até mesmo contendas, mas também sei que há perdão mútuo e sempre uma nova reconciliação enviada por Deus. Ademais, eu me empenho por uma sociedade justa. Sei que essa sociedade justa e pacífica deve começar na Igreja, em meio ao povo de Deus. Ali é o lugar real da transformação do mundo. Para concluir, estou ciente de que no final há a morte, mas que não será o fim. Deus é um Deus da vida. Na morte, finalmente encontrarei Deus e então nada em minha vida terá sido em vão; minha vida inteira será reunida e purificada perante Deus; e, comigo e minha vida, toda a história com todos aqueles que estavam ligados a mim. Não são a injustiça e a violência que prevalecerão no final, mas a esperança e o amor."

Querido casal Westerkamp, acabei de lhes apresentar duas visões de mundo diferentes. Uma sem Deus e outra com Deus. Tentei fazer justiça a ambas as perspectivas, ou seja, não demonizar uma e exaltar a outra. Minha intenção foi lhes apresentar duas maneiras fundamentalmente diferentes de pensar e viver neste mundo. Em última análise, devemos escolher se queremos viver à mercê do espírito da época, em constante mudança, ou em estruturas de significado claro; num mundo absurdo que não pode responder a nenhuma das grandes questões da humanidade ou num mundo cuja resposta é Deus; num mundo que está entregue ao desespero ou num mundo que carrega em si uma enorme esperança.

De qualquer forma, me parece claro que sem a suposição de que Deus existe, o mundo perde a razão e acaba ficando sem sentido. É verdade, a evolução, que se tornou cada vez mais complexa, resultou na brilhante consciência do ser humano e numa incessante busca por significado e felicidade, mas essa consciência desperta corre inexoravelmente em direção ao nada.

Então não há mais resposta para as perguntas humanas primordiais: "Por que tenho de morrer?" e "Existe uma justiça final?" E as incontáveis pessoas marginalizadas, torturadas, estupradas, assassinadas na história? Os sofrimentos de bilhões de inocentes nunca serão expostos e esclarecidos e assim o mundo degenera em si mesmo numa contradição absoluta. Ainda que pareça haver muitas pequenas ilhas de sentido nele, como um todo, ele se torna uma absurdidade patética.

Sei que ainda há muito a perguntar e muito a dizer. Mas minha carta já se tornou demasiado longa. Isso tem que ver com a importância do assunto em si. Saúdo-lhes cordialmente, a vocês dois e, sobretudo, a Hannah.

Criação por amor

Cara Sra. Westerkamp,

Desta vez foi *você* que me escreveu uma longa carta. Sou grato por isso. Você acha que as duas "visões de mundo" no final da minha última carta são um tanto artificiais. Acrescenta que foi "construído um belo contraste" e que tudo é muito mais complicado na realidade; que há muitos cristãos vivendo quase como se Deus não existisse, e muitos não-cristãos que querem o bem e em toda sua vida buscam a verdade estando, portanto, abertos a Deus.

E então vem um grande "Ah!" em sua carta. Ah, você diz, como seria bom se os cristãos fossem diferentes das outras pessoas porque realmente vivem sua fé e sua esperança. Como seria bom se eles não tivessem essa indiferença, essa conversa odiosa a respeito dos outros, esse dogmatismo eterno, nem todas essas coisas repulsivas que muitas vezes tornam nossa sociedade tão insuportável! Mas o que é repugnante e intolerável encontra-se entre os cristãos também, exatamente como em todos os lugares. Ao final, você ainda acrescenta que se eles realmente vivessem de forma diferente dos outros, seria muito mais fácil optar pela crença em Deus.

O que posso dizer? Evidentemente, você levantou um ponto importante, até mesmo crucial. As epístolas do Novo Testamento*, especialmente as de Paulo, estão cheias de advertências às comunidades cristãs: os cristãos devem viver o que receberam; amar uns aos outros de coração; ajudar uns aos outros e defender uns aos outros; devem praticar o perdão mútuo e recompensar o mal com o bem. O fato de Paulo e outros apóstolos repetidamente advertirem sobre tudo isso mostra que tais admoestações eram obviamente necessárias e continuam necessárias hoje. Muitas coisas no cristianismo estão num estado lamentável.

Claro, eu poderia apontar todas as coisas grandes e boas que a Igreja trouxe ao mundo. Eu poderia me referir especialmente aos santos. Houve na Igreja grande número de homens e mulheres santos que nos mostram como é a vida com Deus e como a Igreja é concebida. Ainda há um grande número desses santos que, em sua maioria, são ocultos e desconhecidos.

Mas não quero argumentar dessa maneira. Eu gostaria de chamar a atenção para o fato completamente diferente de que toda missa começa com a comunidade reunida confessando sua culpa. Podemos ouvir, por exemplo: "Confesso a Deus, Pai Todo-Poderoso, e a vós, irmãos e irmãs, que pequei muitas vezes por pensamentos e palavras, atos e omissões, por minha culpa, minha tão grande culpa".

E caso essa confissão clássica de culpa não seja dita no início do culto, antes da comunhão a comunidade reza o pai-nosso*, oração em que pede a Deus: "Perdoai as nossas ofensas, assim como nós perdoamos a quem nos tem ofendido". O que isso significa? Se a Igreja não balbucia simplesmente tais palavras, significa que os cristãos vivem do perdão, sabem que em muitos aspectos não são melhores que outras pessoas e sabem que sempre ficam aquém do que deveriam ser. Por isso, confessam a Deus e confessam sua culpa uns aos outros. Talvez esse seja o verdadeiro ponto em que eles diferem. Pois reconhecer a própria culpa e admiti-la publicamente – e não por motivos táticos – não é a norma em nossa sociedade.

Ao confessar continuamente sua culpa a Deus e uns aos outros, os cristãos mostram que a Igreja não é uma comunidade de pessoas perfeitas, uma instituição moral na qual tudo é melhor e funciona melhor, mas uma comunidade que vive do perdão de Deus. A Igreja existe pela afeição imerecida, gratuita e transbordante de Deus. Ela deveria estar ciente disso, dar testemunho disso. Eu gostaria de tratar disso com mais detalhes nesta carta. Pretendo mostrar que esse aspecto imerecido já é dado com a própria criação.

Para esclarecer o que quero dizer, deixe-me saltar para o grande filósofo grego, Aristóteles, que viveu no século IV a.C. Para Aristóteles, Deus é um espírito infinitamente perfeito, que existe desde a eternidade de e por si mesmo, ele é puro espírito, é pensamento puro. Para Aristóteles, trata-se da coisa mais elevada que existe. Neste ponto o grande filósofo se pergunta: se Deus é puro pensamento, o que ele realmente pensa? E ele mesmo responde: Deus pensa a si mesmo.

Para Aristóteles isso é completamente lógico. O que mais Deus pensaria? Afinal, ele é um completo ser-consigo-mesmo. Se pensasse outra coisa além de si mesmo, como, por exemplo, o ser humano ou qualquer outra coisa, não pensaria mais o mais excelente e mais elevado, isto é, ele se afastaria de si mesmo e perderia sua perfeição.

A teologia cristã fez uso da filosofia grega, usando toda uma gama de conceitos e processos de pensamento de Aristóteles para constituir-se. E ela foi muito além dele, sabendo desde o início que Deus não é apenas um possuir a si mesmo, mas amor puro e perfeito.

Sra. Westerkamp, um aparte! Usei a palavra "amor" várias vezes em minhas cartas. Agora eu a uso novamente conectando-a com Deus! Na verdade, nem se deve mais usar a palavra "amor", pois ela é constantemente mal utilizada, o que lhe causou um terrível desgaste. Mas não tenho outra palavra. Não consigo prescindir dela.

Então, Deus não é apenas posse de si mesmo, mas puro amor. E o verdadeiro amor não fica consigo mesmo, ele quer doar, entregar. Quer uma contraparte, outra pessoa, a quem possa amar e a quem possa se entregar. Esta é exatamente a razão pela qual Deus criou o mundo, um mundo que se desenvolveria em uma longa evolução em direção ao ser humano. Deus quis o ser humano por pura afeição.

Assim, Deus não gira em torno de si mesmo; ele não apenas pensa a si mesmo incessantemente, ele também pensa o mundo e, ao fazê-lo, chama-o à existência para que possa compartilhar de sua vida infinita e eterna. O universo, o mundo, o ser humano são criados por amor. Deus quer a criação e quer elevá-la até ele mesmo.

Querida Sra. Westerkamp, para mim esse é um dos mais belos mistérios da fé cristã. E é tão bom, porque há muitas coisas que se harmonizam nele. Com certeza, você também conhece a experiência de que o verdadeiro amor corresponde sempre a sair das pessoas, direcionado para seu marido, sua filha, para outras pessoas, para o vizinho enfermo. Quem se inclina para o outro dá um pedaço de si mesmo, talvez não apenas um pedaço, mas tudo.

Quando a comunidade cristã começa seu culto, confessa que não conseguiu realizar este ser-para-os-outros, que cada um ficou apenas consigo mesmo e pensou apenas em si. E assim, apesar de todos os seus fracassos, ela pede a Deus seu amor. E Deus o dá renovando o ser humano com o perdão. Meus caros cumprimentos!

6ª Carta

A criação continua

Cara Sra. Westerkamp,

Muito obrigado por sua resposta e pelas calorosas saudações de seu marido. Desta vez você me contou várias coisas sobre Hannah. Por vontade própria, fez algo que eu desejava secretamente. Porque, francamente, eu estava curioso se o batismo e a primeira comunhão mudaram alguma coisa na vida de sua filha?

Parece que sim. Você pode falar com ela mais seriamente que antes. No entanto, o que mais me agradou foi a notícia de que Hannah vai à igreja todos os domingos com a melhor amiga. Mas ela lhe disse que quase nenhum dos outros do grupo da Primeira Comunhão continua indo. E ela não consegue entender isso.

Você relatou esse fato a seu marido, e a reclamação de sua filha os deixou consternados. Desde então, vocês têm ido à igreja com ela aos domingos, mesmo que às vezes isso gere inconvenientes. Não quero me estender nesse assunto, mas tenho certeza de que é o maior presente que vocês dois podem dar a Hannah.

Quero continuar o assunto da minha última carta. Eu tinha falado sobre a criação do mundo. Deus não criou o mundo por capricho ou – para colocar isso de forma mais humana – porque só queria experimentar. Ele o criou por amor, por um amor abnegado, amor transbordante. E de modo nenhum devemos entender o amor como se fosse algo que temos o *dever* de doar. O amor que está sob coerção do *dever* não é livre e, portanto, não é mais amor. Por certo, o amor de Deus se entrega e se doa em total liberdade. Por esse motivo, podemos dizer que a criação é um dom *gratuito* de Deus.

Mas agora vem algo importante. Até aqui, eu já disse várias vezes: Deus "criou" o mundo, e é assim que quase sempre se formula. Mas é correto falar na forma pretérita?

Assim, teria havido um ato de criação "no princípio" e então o mundo teria ficado pronto. Mas não está pronto; ainda se encontra numa dinâmica incompreensível. Inúmeras novas estrelas ainda estão nascendo da poeira e do gás de nuvens moleculares gigantes. As galáxias ainda estão se separando, a evolução biológica está se desenrolando, o progresso técnico está acontecendo com todas as questões que isso levanta e com aceleração crescente.

Além disso, quando dizemos Deus "criou" o mundo, estamos pensando em Deus no tempo. Nesse modo de falar, em algum momento, talvez 13 bilhões de anos atrás, ele "criou" o mundo. Mas Deus não age no tempo. Deus age a partir da própria eternidade. O tempo e o espaço só vêm a surgir com a criação do mundo. Deus está absolutamente além do espaço e do tempo. Portanto, é errado dizer que Deus "criou" o mundo. Toda a história do cosmos, da terra e do homem é um único ato de criação.

O fato de eu estar vivo, de você, cara Sra. Westerkamp, estar viva, de seu marido estar vivo e de sua filha existir e viver é parte desse ato de criação. Sem o amor de Deus que incessantemente nos chama à existência, cairíamos imediatamente no nada. Nós "somos" somente porque Deus nos ama. Há muitas razões pelas quais os cristãos vão à igreja todos os domingos e celebram a missa. Uma dessas razões é agradecer a Deus por nos dar nossa existência continuamente.

Hoje temos por aqui um verdadeiro clima de domingo, com céu azul e nuvens brancas. Os gerânios brilham em frente à minha janela. E por aí, está tão belo assim? Saúdo a todos cordialmente.

7ª carta

Como Deus se comunica

Caro Sr. Westerkamp,

Em sua carta, você retomou o que eu disse sobre a criação e, em conexão com isso, mencionou algo extremamente importante que vem se desenvolvendo em nossa sociedade. Trata-se do fato de que muitas pessoas hoje estão comprometidas com as questões climáticas, com a conservação dos meios de subsistência natural, a preservação dos reinos vegetal e animal e, graças a Deus, muitos também se preocupam com a proteção da vida não nascida. No meio cristão (e não só nele), fala-se de "preservação da criação". Você aponta tudo isso e escreve que essas coisas são importantes para você.

Também são importantes para mim. Em cada época há um ponto central a partir do qual os pensamentos e sentimentos são constituídos. Em outras palavras, todo tempo tem seus conceitos dominantes e seu horizonte de sentido. No passado, para muitos, esse horizonte de sentido consistia na pátria e na honra da nação. Isso levou a guerras absolutamente absurdas e criminosas. Elas ainda estão acontecendo. Se no lugar da nação entrasse o respeito à vida e à criação, seria um imenso progresso.

Essa mudança seria importante pela possibilidade de abrir um acesso a Deus para as pessoas de hoje. Não podemos fazer tudo o que nos vem à cabeça e muito menos podemos fazer tudo aquilo de que somos capazes. Devemos tratar com respeito o que é dado para nós, as estruturas da criação. Devemos aprender a ouvir o que Deus quer nos dizer por meio da criação. Eu gostaria de me aprofundar nisso. Como Deus fala conosco? Como ele se comunica com o ser humano?

Claro que não por uma voz que sai das nuvens! Tampouco fala de uma sarça ardente ou de uma montanha em meio a relâmpagos ofuscantes e trovões estrondosos. Quando a Bíblia narra dessa maneira, tratam-se de textos que expressam de forma simbólica e condensada algo por atrás do qual muitas vezes havia, historicamente falando, longos e penosos caminhos de conhecimento. Todos esses textos são verdadeiros, mas não de maneira superficial! Eles condensam as experiências de Deus em Israel ao longo dos séculos e as sintetizam numa imagem. São imagens lindas, preciosas e insuperáveis que reúnem em uma só narrativa processos muito longos.

Mas tenho de voltar um pouco. Como Deus pode se comunicar com o homem? Já falamos sobre como os humanos evoluíram do reino animal numa longa história; como ele passou muito lentamente de um mundo de meros instintos para o mundo da liberdade e como gradualmente despertou-se nele o que chamamos de espírito e razão. Nesse sentido, ele só foi capaz de chegar às suas experiências com Deus passando por um longo desenvolvimento.

Nada sabemos sobre experiências análogas do homem primitivo. Podemos supor que os homens do Paleolítico eram gratos se pudessem matar um animal grande ou encontrar uma colmeia de abelhas com mel. Podemos supor que eles não jogavam os seus mortos fora simplesmente e podemos supor que pouco a pouco nasceu neles um saber a respeito de "forças" que eram maiores do que eles.

Mas ainda não podemos chamar de "Deus" essas forças que excedem a vida, que eram experimentadas com clareza cada vez maior nas primeiras eras da humanidade. O "Senhor dos Animais", a quem se implorava para ter sucesso na caça e a quem se pedia perdão pelo animal caçado, já era um deus no sentido das religiões elevadas de períodos posteriores? A Mãe Terra, venerada nas primeiras culturas agrárias como fonte de toda fertilidade, já era uma deusa? Os espíritos dos mortos, aos quais se suplicava por ajuda e cuja ira se temia e se procurava aplacar, já eram deuses? Estudiosos da religião tentam descrever as formas infinitamente variadas da religião primitiva, esforçando-se para encontrar os termos corretos.

Não precisamos nos preocupar com esses detalhes aqui. O fator decisivo é que a religião também se desenvolveu com o desenvolvimento do homem. À medida que o homem evoluiu culturalmente, suas experiências com Deus tornaram-se mais complexas. Formaram-se religiões com sistemas de deuses totalmente diferenciados e também surgiram visões de mundo como a budista, nas quais os deuses não desempenhavam papel algum. Muito antes haviam se desenvolvido formas de religião que à primeira vista parecem primitivas. Saliento que pesquisas recentes mostram que devemos ser extremamente cuidadosos com a palavra "primitivas" aqui.

Seja como for, como já foi dito, os detalhes concretos desse desenvolvimento da religião não precisam nos preocupar. Pergunto teologicamente: o verdadeiro e único Deus já havia se mostrado nesses tempos? Ele se comunicou em tais agrupamentos? Já havia conhecimento de Deus nessas circunstâncias? A resposta: Deus enche toda a criação com seu Espírito. No "Livro da Sabedoria", a Bíblia formula: "O Espírito do Senhor enche a terra" (Sb 1,7). Podemos interpretar isso da seguinte maneira: o amor de Deus que está por trás da criação, que sustenta e preenche tudo, quer ser reconhecido. Ele urge em ir ao encontro do ser humano e iniciar uma conversa.

Onde quer que o espírito humano se abra, onde quer que use a razão e dê os primeiros passos em liberdade, essa conversa se inicia.

É uma conversa real, pois Deus se revela na beleza de sua criação. Ele se mostra na aflição e na alegria. Ele se mostra em todas as coisas e, por meio delas, expressa seu afeto. Ele quer se comunicar e o ser humano quer ouvir. Como vimos, ele se estende até o infinito. Na medida em que ele se abre, também pode ouvir; na medida em que ouve, é capaz de entender.

Claro, a conversa entre Deus e o homem é inicialmente desajeitada por parte do homem. Seu espírito e sua liberdade ainda precisam crescer. É por isso que essa conversa, no que diz respeito às pessoas, ainda é hesitante por longos períodos, ainda reservada e acompanhada de mal-entendidos.

E mais: o espírito desperto do homem, que se torna cada vez mais poderoso e se estende em todas as direções, também pode recusar essa conversa. O homem pode se fechar. Pode desviar o olhar, pode distorcer o que se mostra como amor de Deus e fazer disso algo diferente.

Assim, a "religião" surge na história humana como um fenômeno ambíguo e complexo. Surgem a devoção e a veneração; a busca pela verdade; o anseio pelo bem; a formação de toda a vida pelo que é completamente diferente, que transcende o ser humano. Contudo, surge também a face maligna da religião. Isso ocorre sempre que o homem se fecha ao diálogo com Deus, quando instrumentaliza Deus ou os deuses apenas para seus propósitos pessoais, quando retorna ao animalesco em nome do divino. Então começam as perversões. O conhecimento se torna caos, a devoção se torna aversão, o amor se torna medo, a humildade se torna violência.

A "religião" tem, portanto, uma dupla face. As religiões dos povos têm sua dignidade, mas também seus limites; têm sua necessidade, mas também seu fracasso. Elas foram precursoras imprescindíveis para uma compreensão mais profunda de Deus, pois as pessoas tiveram de ver primeiro os próprios deuses para que, ao negarem esses deuses, pudessem reconhecer o verdadeiro Deus.

Caro Sr. Westerkamp, tenho certeza de que você já nota o que é importante para mim aqui. Do ponto de vista de Deus, a criação sempre foi preenchida com o espírito, com a afeição, com o amor de Deus. O que se torna concreto a partir disso é algo que resulta das pessoas e de sua liberdade, o fato de que o ser humano pode abrir-se ou recusar-se; pode ser todo ouvidos ou tapar os ouvidos; pode ficar parado e não avançar quando realmente devia dar o próximo passo em direção ao conhecimento sobre Deus.

O que é único em Israel, este pequeno povo entre as grandes potências, foi que ele deu um novo passo no momento decisivo. Abriu-se completamente para Deus. A Bíblia sintetiza esse novo passo na figura de Abraão*, ou seja, condensa esse passo, com razão, num só *indivíduo*. Porque são sempre os indivíduos que, por sua fé, põem em movimento um número maior de pessoas. Abraão deixou sua terra natal – e consequentemente os sistemas religiosos dominantes de seu tempo – e se colocou completamente à disposição de Deus. Isso deu origem a uma história extraordinária. Os teólogos chamam isso de "história da revelação". Na minha próxima carta, pretendo falar sobre Abraão e seu significado. Saudações a todos.

8ª Carta

De onde vem o sofrimento

Cara Sra. Westerkamp,

Na verdade, eu queria falar sobre Abraão, mas minha última carta provocou discussões acaloradas entre você e seu marido. Não conseguem aceitar que eu já tenha falado várias vezes, especialmente nessa última missiva, com tanta naturalidade sobre o amor de Deus que origina e preenche toda a criação. Perguntam como conciliar com este "amor" de Deus o fato de que a criação está cheia de catástrofes e sofrimentos imensuráveis como terremotos que destroem cidades inteiras, deslizamentos que soterram centenas de pessoas, furacões que mergulham justamente os pobres em mais miséria ainda, doenças e epidemias que fazem milhões de vítimas e, em toda natureza, os que devoram e são devorados. Você escreve que "O pássaro come o verme, o gato come o pássaro, o cachorro persegue o gato" e termina com a frase: "Que criação, hein!" Você formulou suas perguntas com veemência e também com um leve pesar. "Como pode ser", você escreve a certa altura, "que a suposta tão boa criação de Deus esteja repleta de assassinatos?"

Vou tentar responder às suas perguntas e começar por onde as coisas são mais óbvias. Quando falamos de assassinar, estamos falando de humanos, porque os animais matam, mas não assassinam. Só os humanos cometem assassinatos por inveja, ganância, ódio ou cegueira religiosa. O sofrimento indescritível que permeia a história é, em grande parte, causado pelo ser humano. Imagine um mundo sem corrupção e sem guerras, sem refugiados, sem exploração, sem a disputa que já começa na infância e depois se espalha para todas as áreas da vida. O mundo seria irreconhecível.

O sofrimento decorrente de desastres naturais teria então uma face diferente. Afinal, se houvesse paz e solidariedade no mundo, as pessoas não precisariam morar em áreas de alto risco que sofrem recorrentes inundações, deslizamentos de terra, erupções vulcânicas e terremotos. Claro, esta argumentação tem seus limites. Sei muito bem quantas catástrofes são imprevisíveis e quanta miséria humana ainda restaria no mundo apesar de todas as precauções. Penso, por exemplo, no recente desastre na Índia, onde as chuvas das monções inundaram grandes áreas. E você mesma aponta com razão as inúmeras doenças. É verdade, doenças também podem ser autoinfligidas. Mas as terríveis tribulações que diversas doenças e epidemias causam no mundo não podem ser omitidas, nem mesmo apontando que nesse campo a razão e a cooperação humanas também podem mudar muitas coisas.

Então precisamos começar por camadas mais profundas. Eu lhe pergunto: nascimento e morte, florescer e murchar, desenvolver-se e perecer – até mesmo devorar e ser devorado numa longa cadeia alimentar – não são apenas partes da vida? A cada segundo que vivemos, uma batalha implacável está sendo travada no micromundo do nosso corpo. Nosso corpo é constantemente agredido por patógenos estranhos como bactérias, vírus, fungos e parasitas que querem se espalhar e atacar nossas células saudáveis.

Nosso sistema imunológico tem de lidar com essa constante invasão de microrganismos em nosso corpo, por isso que leva tropas para a batalha, como células de defesa T, por exemplo. Uma batalha implacável é travada entre os patógenos em nosso corpo e forças moleculares antagônicas apropriadas. Mata-se, devora-se. Se não fosse por essa luta contínua dentro de nós, nossa vida rapidamente chegaria ao fim.

Até mesmo em nossa cavidade oral, há batalhas infindáveis. Quem acredita que sua boca está livre de germes depois de escovar os dentes está muito enganado. Mais de 200 espécies de micróbios povoam continuamente o espaço mucoso entre nossos lábios e gengivas. Apenas a menor parte é prejudicial. A maior parte das bactérias em nossa boca promove a saúde das gengivas e dos dentes como uma espécie de mantenedoras da ordem.

Portanto, também nesse caso há voracidade desenfreada, luta implacável e matança ininterrupta no nível microbiológico. Se essa guerra sem fim não acontecesse, nossos dentes cairiam muito rapidamente. E nem quero falar sobre o que está acontecendo em nossos intestinos. Hoje sabemos o que significa uma flora intestinal saudável. Mas ela também trabalha continuamente com a aniquilação de células.

Tampouco pretendo falar sobre o número astronomicamente alto de células do próprio corpo que morrem todos os dias e são evacuadas num processo natural para que nosso corpo possa se regenerar incessantemente. Certos genes provocam constantemente uma morte celular programada. Se essa morte regular de nossas células não funcionar e as células continuarem a proliferar, adoecemos com câncer.

Morrer é simplesmente parte da evolução e da vida. A vida pressupõe a morte. O fato de vivermos, podermos respirar, de haver uma atmosfera apropriada que nos rodeia, de haver ar e água sustentando a vida em nosso planeta azul, tudo isso requer um minucioso ajuste do universo que consiste em um incrível ato de equilíbrio do cosmos. Portanto, de modo nenhum devemos nos assustar com esse perigo constante, com essa existência no meio da morte. Isso é uma parte indispensável do milagre da vida.

Sem a morte constante dos seres vivos não haveria evolução. Pois a evolução pressupõe propagação, reprodução constante. A reprodução só é possível se *uma* geração dá lugar a *outra*. Aqui se aplica a fórmula: sem morte não há sucessão de gerações, sem sucessão de gerações não há evolução.

Estou convencido de que essas considerações devem ser levadas ainda mais longe. Assim como não há evolução sem sucessão de gerações, também não há história sem evolução. Somente em uma longa evolução surgiu o *homo sapiens* e, quando esse ponto foi alcançado, as coisas continuaram, a evolução biológica se desdobrou em evolução civilizacional e cultural. O fato de um cantor treinado poder cantar "*Holde Aida*" exige não só um desenvolvimento altamente diferenciado da laringe humana, mas também o da arte operística até Giuseppe Verdi. E o avanço da arte operística é impensável sem toda a história europeia. Tudo isso está inextricavelmente interligado, ou seja, sem evolução não haveria história!

Vou um passo além afirmando que sem história não haveria liberdade no mundo. Isso é compreensível? Considere como as decisões realmente livres acontecem em nossas vidas, elas ocorrem porque outras pessoas tornaram a liberdade possível para nós. Todas as liberdades que se abrem para nós, cidadãos comuns, só são possíveis porque outros vieram antes de nós com seu destemor, sua coragem, sua clareza. Se não existissem lutadores que resistem individualmente dizendo a verdade até mesmo aos déspotas, o resto de nós nunca teria forças para fazê-lo. Nossa própria liberdade repousa sobre predecessores que um dia lutaram por essa liberdade.

Na minha opinião, a sentença "Sem história, não há liberdade" é fundamental. Porque a liberdade não cai simplesmente do céu, deve ser conquistada e nos é transmitida pela vida e coragem de grandes pessoas. A liberdade, como a escravidão, chega até nós a partir da história.

E agora dou um passo final nesta cadeia de pensamento dizendo que sem história não há liberdade e sem liberdade não há amor. A coisa mais elevada que pode acontecer na vida, a afeição de uma pessoa por outra, de forma completa e para sempre, só pode acontecer em liberdade. O amor deve ser livre, senão não merece esse nome.

Tudo isso deve mostrar que o amor pressupõe liberdade, liberdade pressupõe história e história pressupõe evolução. Dentro dessa cadeia de relações, morrer é uma parte necessária da evolução, por isso não é algo inerentemente negativo.

A isso se acrescenta a realidade decisiva de que não vivemos simplesmente num mundo que corresponde à vontade criadora de Deus. O mundo em que vivemos já é marcado por uma longa história de culpa, caracterizando-se por uma sequência assustadora de negações humanas. Você se lembra, eu disse na minha última carta que o ser humano podia ficar parado, mas que também podia avançar. Na medida em que o espírito e a liberdade crescem nele, ele pode recusar a Deus e também pode se abrir para ele. Com demasiada frequência, ele se fechou para a bondade e a liberdade e, portanto, para Deus.

Infelizmente, a história humana não está apenas repleta de prudência, ajuda mútua e lutas pela verdade. Também é caracterizada pelo egoísmo, terror, crime e pela negação a Deus. Legados tóxicos de culpa humana se acumularam e obscureceram nossa visão. Nascemos no meio de uma história que não é mais inocente. Na verdade, o mundo inteiro deveria ser um espelho da glória de Deus, mas há muito tempo que já não é mais. O potencial de culpa presente na história turva nossos olhos. Aliás, a Igreja usa o termo "pecado original" para designar potenciais de culpa e estruturas do mal nas quais simplesmente nascemos sem uma culpa exatamente nossa. A palavra é ruim, mas a realidade a que esse termo extremamente ambíguo se refere nos cerca por todos os lados.

De qualquer forma, devido à história de culpa que nos precede e cujas consequências assumimos, muitas vezes não somos mais capazes de perceber o que realmente é a criação. Os tais "males", como desastres naturais, doença e morte, pertencem ao mundo, à sua finitude e historicidade. Entretanto, a culpa humana e seu legado mudaram a qualidade desses "males". Já não os compreendemos diretamente no horizonte de uma dimensão de sentido dada por Deus.

Por exemplo, não vemos a morte como um caminho que nos leva a Deus, mas como uma ruptura assustadora e trágica da vida; não experimentamos a natureza como uma criação diversa e colorida de Deus, mas como um oponente abismal e até mesmo perigoso para o ser humano. Ou, para dar um último exemplo, quase nunca vemos nossos semelhantes como nossos irmãos e irmãs que estão ao nosso lado, com os quais trabalhamos em cooperação mútua, mas como nossos concorrentes e oponentes.

Apesar de tudo isso, ainda não chega ao fim a questão de saber se a criação é boa. Provavelmente não há um cristão pensante que já não tenha se perguntado: Por que Deus não criou um mundo completamente diferente? Um mundo em que não haveria evolução, nem desenvolvimento laborioso em direção a ele, nem progressão dolorosa rumo ao nosso objetivo final e, acima de tudo, nenhum sacrifício humano, mas uma criação que tivesse chegado ao seu objetivo imediatamente. Ou seja, um paraíso pronto no qual tudo já existisse, um mundo estático no qual não poderia haver fracasso nem culpa. Afinal, Deus não cometeu um engano? O mundo que ele criou não é um *design* falho, um equívoco, um grande erro?

A resposta só pode ser que não haveria liberdade num mundo onde não houvesse evolução, nem desenvolvimento laborioso em direção a Deus, nem progressão dolorosa para nosso objetivo final. Em tal mundo seríamos meros fantoches, biomáquinas infantis, eufóricas, programadas para a felicidade, como descreveu o inglês Aldous Huxley em seu romance *Admirável mundo novo*, de 1932.

A liberdade é um capital infinito. Só ela torna as pessoas humanas, capazes de admirar-se e de amar. Somente como pessoas livres, experimentaremos um dia a felicidade do amor sem fim.

Cara Sra. Westerkamp, esta carta tornou-se assombrosamente longa (e haveria muito mais a dizer). O fato de ter sido tão extensa se deve mais uma vez à gravidade do próprio assunto. Você fez uma pergunta das mais importantes ao questionar sobre do sofrimento no mundo e a boa criação de Deus. A criação é realmente boa? Não pude fugir dessa pergunta. Então, por favor, peço que compreenda a necessidade de minha carta excessivamente longa.

Eu os saúdo calorosamente e do fundo do meu coração desejo a você, a seu marido e a sua filha que também possam ver o que é grandioso e belo, apesar de toda a escuridão e todo o mal que existem no mundo.

9ª carta

Abraão, pai da fé

Caro Sr. Westerkamp,

Espero que ambos tenham lidado bem com os micróbios e parasitas da minha última carta. Eu precisei me conter, pois poderia ter falado sobre mosquitos, aranhas, escorpiões e cobras... E também sobre esquilos, rouxinóis, borboletas, andorinhas e cavalos selvagens. É um mundo incrivelmente colorido que Deus nos deu. O verdadeiro problema não é a criação não humana. O problema consiste no próprio homem e na sua longa e lenta história que começou com o homem primitivo cerca de 2 milhões de anos atrás e depois com o *homo sapiens* cerca de 300.000 anos atrás. Foi uma longa história, na qual o conhecimento cresceu pouco a pouco.

Pode-se dizer a respeito dessa história, de modo geral, que o ser humano foi capaz de se abrir ao amor de Deus que o esperava constantemente e dar uma resposta apropriada a ele. Foi quando deu esse passo adiante que se tornou "ser humano" num sentido mais profundo. Porém, também teve a opção de se fechar, voltando à condição de animal, que, na ocasião, já não era mais "animal" mas "humano animalizado". Os animais matam suas presas, não podem evitá-lo, mas o ser humano avançou a tal ponto que poderia evitá-lo, porém, não o fez. Nesse momento começou o absurdo, o mal.

Mas há também outra coisa, visto que na medida em que o espírito e a liberdade crescem no homem, surge inevitavelmente a "história", pois "memória" e "lembrança" se desenvolvem cada vez mais e, pela lembrança, o passado se torna presente. Aquilo que ocorreu uma vez é impelido para o presente continuamente, não fica totalmente no passado, continuando, assim, a determinar o presente. Desse modo, coisas boas podem ser lembradas e conservadas. E, por permanecerem conservadas, podem até crescer de modo que toda uma cultura do bem, de auxílio e de solidariedade tem a possibilidade de nascer.

No entanto, de acordo com esse mesmo padrão, o mal também pode permanecer presente no mundo e pode se acumular. Pode criar "potenciais" do mal, "campo de forças" do mal, "concentrações" do mal. Dizendo claramente: poderes nefastos. Tais poderes nefastos sempre se originam dos pecados de uma pessoa ou grupos de pessoas, porém, como o pecado sempre tem consequências que se estabelecem no mundo, esses potenciais para a desgraça se desenvolvem, assumem vida própria e obscurecem a história.

O que acabei de falar de uma maneira muito abstrata é tratado pelos primeiros capítulos do Antigo Testamento* que conta com imagens vívidas como o mal cresce no mundo. No início, o homem se fecha à palavra suave de Deus e deixa que outras vozes se manifestem nele. O livro de Gênesis personifica essas vozes na imagem da "serpente" (Gn 3,1), elas atraem o ser humano para a arrogância e a arrogância leva à violência na próxima geração: Caim mata seu irmão Abel (Gn 4,8). E assim continua. Violência gera violência. Surge uma história de infortúnios, um potencial para a violência, uma biosfera do mal. Por fim se diz que a terra estava "repleta de violência" (Gn 6,13).

Sem dúvida, os primeiros capítulos da Bíblia também veem o outro lado. Eles falam de pessoas como Henoc e Noé, que estão abertos a Deus e seguem seu caminho com Deus (Gn 5,24; 6,8). No geral, porém, ali se desenha uma imagem assustadora do mundo. É tão aterrorizante quanto o mundo em que vivemos hoje. É cheio de violência e até mesmo se vangloria de sua violência agressiva, encarnada na figura de Lamec (Gn 4,23-24).

Portanto, não se trata apenas de atos de violência isolados e da violência praticada por indivíduos. É uma história violenta. Há o nascimento de uma esfera de infortúnio e maldade. Pode-se comparar essa esfera de destruição com um ambiente contaminado, assim como muitos contribuíram para a poluição de nosso ambiente e para que parte dos oceanos esteja cheia de plástico. Nascemos sem culpa neste ambiente, mas depois nós mesmos contribuímos para poluir o ar, a terra e a água. De semelhante modo, o homem moderno nasce numa história já marcada por arrogância, manipulação e violência. Em minha última carta, salientei que a Igreja usa o termo ambíguo "pecado original" para descrever esse estado de infortúnio já predeterminado, no qual nascemos e do qual nós mesmos participamos.

O mal existe em nosso mundo não apenas em ações individuais, mas como acúmulo, como poder reunido, tendo sido espalhado como uma história tenaz e duradoura, comparável a um tumor que começa a formar metástases. Cada ser humano entra inevitavelmente nessa história, nesse potencial de infortúnio, nesse poder do mal. E a Bíblia é bastante sensata em relação a isso, vendo o mundo como ele é.

Mas ela não para por aí. Porque é justamente neste contexto que ela conta uma contranarrativa. O início e ao mesmo tempo o epítome dessa história é Abraão. O Abraão "histórico" permanece em grande parte vago para nós. Mas no Abraão "bíblico" condensam-se as experiências de séculos de

Israel. Abraão é o começo de algo novo na história e é, ao mesmo tempo, a personificação desta nova história em sua totalidade. Nesse âmbito, Abraão também é o nosso "pai".

Mas o que é essa novidade? É a abertura total de Abraão para Deus. Ele é todo ouvidos, é completamente aquele que escuta. Ele nada quer além do que Deus quer. Esta escuta implacável de Deus o leva a um "afastamento", a "deixar" o que passou. Abraão se atreve a abandonar sua terra natal, a casa paterna e, pela Palavra de Deus, partir para uma terra prometida que ele nem conhece. A Bíblia diz: "O Senhor disse a Abrão*: 'Parte da tua terra, da tua família e da casa de teus pais para a terra que eu te mostrarei. Eu farei de ti uma grande nação e te abençoarei. Tornarei grande o teu nome. Tu sejas uma bênção. Eu abençoarei os que te abençoarem, e quem te injuriar, eu o amaldiçoarei; em ti serão abençoadas todas as famílias da terra. Abrão partiu, como o Senhor lhe havia dito'" (Gn 12,1-4).

Repito, essas são afirmações a respeito de Israel. Tudo isso é o caminho de Israel condensado na figura progenitora "Abraão". Nesse sentido, Abraão é real. Ele encarna o afastamento de Israel em relação às religiões e o início de algo novo no mundo, que deixa para trás tudo o que é apenas religião e leva ao que chamamos de "fé". Fé é confiar em Deus. Fé significa não mais pedir a Deus o que se quer para si mesmo, mas o que Deus quer. Fé significa confiar plenamente em Deus. Fé significa viver pelas promessas de Deus e não de modo solitário e isolado, mas junto com um "povo" inteiro. Em vista disso, Abraão é o "pai da fé".

Ele também é o "pai" da nossa fé. Todo aquele que chega à fé passa a fazer parte da façanha de Abraão, deixa para trás muitas coisas que o impulsionaram e ocuparam até o momento. Todo aquele que se atreve a crer começa algo novo, embarca numa aventura que mudará sua vida. Ganha uma nova terra cheia de promessas. "Terra" não é necessariamente um território. É um espaço de vida, um modo de vida, convivência e cooperação entre as pessoas.

Mas noto, Sr. Westerkamp, que minha carta novamente está se alongando em demasia. Encerro aqui, aguardo suas perguntas e saúdo a todos de coração.

10ª Carta

Por que precisamente Israel?

Cara Sra. Westerkamp,

É bom que vocês dois se revezem escrevendo cartas. Aparentemente, você tem o talento especial de sempre ir direto ao ponto com suas perguntas. Eis a pergunta incisiva que você formula: "Por que o 'novo', de que havia falado, começa em Israel? Por que não na China? Por que não no Egito, na Grécia ou com os maias na América Central? Por que com o pequeno e insignificante Israel, representado por Abraão?".

Uma primeira resposta, ainda superficial, poderia ser que foi porque Israel está exatamente na interface da Ásia, África e Europa, portanto, entre as culturas avançadas dos assírios, babilônios, fenícios e egípcios com seus sistemas religiosos imponentes. Foi justamente essa posição "entre as grandes religiões" que tornou possível para Israel e seus teólogos peneirar durante séculos, comparar, distinguir e criticar. Essa comparação e distinção se instilaram de forma precisa nas experiências de Israel com Deus, sendo compiladas, condensadas, atualizadas e sempre examinadas criticamente no livro que chamamos de "Bíblia". Portanto, o "novo" também estava definitivamente relacionado às condições externas. Surgiu de uma "constelação" geográfica e cultural. Quando Deus age, sempre há "causas secundárias" envolvidas.

Mas é claro que isso não explica tudo. Quando você, Sra. Westerkamp, conheceu seu marido, é certo que fatores externos se fizeram presentes, como uma determinada conjuntura, mas, além disso, coisas que você simplesmente apreciou em seu marido e que certamente poderia nomear. Tenho certeza de que seria fácil para você listar algumas coisas, mas além de todas elas, ainda há algo que não pode ser nomeado e não pode ser explicado, que está no cerne do que chamamos de amor. O verdadeiro amor é o encontro de duas liberdades, esse encontro tem um espaço interior que não pode ser compreendido racionalmente. Permanece como uma intimidade, sim, um segredo (espero que para o resto de sua vida).

Tudo isso também se aplica ao relacionamento entre Deus e seu povo. Por certo, o amor premente de Deus é dirigido ao mundo inteiro e, onde quer que as pessoas se abram para este amor, algo novo surge no mundo. Mas o fato dessa coisa nova ter acontecido com toda a sua força entre Deus e este *único* povo permanece um mistério que a Bíblia chama de "eleição", até mesmo de "amor".

Mas deve-se acrescentar imediatamente que não se trata do amor entre dois parceiros que se fecham e giram em torno de si mesmos; é um amor que se abre amplamente. Não exclui outros povos, mas acontece justamente para o benefício de outros povos. Abraão deve se tornar uma bênção para todas as nações (Gn 12,3). Por isso ele deixa a casa de seu pai, sua família, seu povo e se entrega totalmente a seu Deus. Quem quer se tornar cristão ingressa nesta fé de Abraão, deve ousar ter fé, deve confiar que nada perde, mas sempre ganha. Sua vida será abençoada e ele se tornará uma bênção para aqueles ao seu redor e para muitos outros.

Saúdo-a cordialmente e desejo-lhe, Sra. Westerkamp, como também a seu marido e a Hannah, que seu coração se abra um pouco para este Abraão, para sua façanha, sua fé e a para a bênção que emana dele.

11ª Carta

O êxodo do Egito

Caro Sr. Westerkamp,

Houve em seu casamento uma pequena discórdia sobre a época em que se conheceram. Vocês dois recorreram a lembranças e discutiram o que naquela época sua esposa apreciou em você e do que você gostou em sua esposa. Vieram à luz várias coisas sobre as quais nunca haviam discutido antes. Falou-se de "olhos tão sagazes", de "inteligência aguçada" e de uma "voz que soava incrivelmente doce e sincera". Mas outras coisas vieram à tona. Por exemplo, sua esposa ficara profundamente tocada pelo respeito e confiança com que seus pais se tratavam. E o melhor de tudo é que Hannah esteve presente nessa conversa de lembranças entre vocês. Ela seguiu as memórias de seus pais com grande interesse e finalmente perguntou de que vocês mais gostaram nela. Então vocês mencionaram "mãos miudinhas" e um "narizinho gracioso"; houve muito riso e uma verdadeira declaração de amor a sua filha.

Mas voltemos a Abraão, em cuja figura se reflete a longa história de Israel. A Bíblia narra momentos importantes e períodos decisivos dessa história para mostrar os caminhos e descaminhos de Israel, a descoberta e busca de Israel, suas dificuldades e sua felicidade.

A vaga religiosidade de nossa sociedade está quase inteiramente voltada para o indivíduo. Está voltada para como ele experimenta, descobre e aceita incondicionalmente a si mesmo; como é afetuoso, torna-se uno consigo mesmo, desperta suas forças mais íntimas, busca o "divino" em si mesmo e finalmente se reinventa (infelizmente, vários teólogos cristãos também compartilham dessas ideias hoje).

Mas essa não é a essência da fé bíblica. A Bíblia mostra que Deus tem um povo no mundo que exemplifica o que ele quer dos povos. Claro, o indivíduo é importante, sua vocação, sua liberdade, a responsabilidade que ninguém pode tirar dele. Mas esta independência do indivíduo não existe sem a cooperação de muitos que se ajudam e se solidarizam. Deus precisa de um povo no mundo que mostre como a liberdade e a dignidade humana podem ser encontradas.

Isso é exatamente o que vemos na grande história da saída de Israel do Egito (Ex 12-15). Podemos considerar o Egito um clássico exemplo de "teocracia". O que significa teocracia? Significa que religião, sociedade, cultura e Estado formam uma unidade completa. O faraó egípcio era considerado igual aos deuses. Ele e seus oficiais garantiam felicidade e prosperidade ao país. O Estado se imiscuía em todas as relações sociais. Hoje nós o chamaríamos de "Estado total" ou de fusão completa de Estado e religião. Não havia liberdade no Egito bíblico, mas um grande número de escravos e, nos grandes canteiros de obras, trabalhadores estrangeiros que se esfalfavam para o Estado (Ex 1,11; 5,6-19).

Os descendentes de Abraão adentraram nessa teocracia altamente organizada por pura necessidade. A fome chegara a sua terra natal e eles fugiram para o Egito, onde se tornaram um grupo significativo, incutindo temor nos egípcios (Ex

1,1-14). A Bíblia conta o que aconteceu com Israel no Egito nessa situação, diz que não houve *adaptação* à sociedade assim construída, mas também nenhuma *revolta*, mas *êxodo*. O grande plano de Deus e a fusão de Estado e religião não andam juntos. A fuga de Israel do Egito tem como objetivo algo novo, algo totalmente diferente, trata-se de um povo que não é um Estado, totalmente centrado em Deus e que surge por livre consentimento. Tal coisa era inédita no mundo do antigo Oriente Médio.

O que a história do Êxodo narra é a base de tudo o que o povo de Deus experimentou naquele momento em sua história e também é fundamental para a Igreja. É por isso que até hoje a Igreja ainda celebra na noite de Páscoa* seu êxodo do Egito, ou seja, a saída do velho mundo com suas coerções, o abandono da própria escravidão para entrar numa nova vida dada por Deus.

É claro que deixar o passado para trás é uma façanha. Não é algo inofensivo e não sai barato. Esse feito ainda seria repetido várias vezes pelo povo de Deus. Começou com Abraão, continuou com Moisés, depois com os profetas e culminou em Jesus. A pessoa que se torna um cristão participa dessa história incrível, embarca no empreendimento da fé, torna-se membro do povo de Deus que se estende pelos séculos. Ela se junta a uma história que tem três mil anos. Às vezes sinto um calor na espinha quando rezo no final do Magnificat* junto com Maria, a mãe de Jesus:

> Ele precipitou os poderosos de seus tronos
> e exaltou os humildes;
> os famintos, ele cobriu de bens
> e os ricos, despediu-os de mãos vazias.
> Veio em socorro de Israel, seu servo
> lembrado de sua bondade,

como dissera aos nossos pais
em favor de Abraão e da sua
descendência, para sempre.
(Lc 1,52-55)

Por trás desse salmo* do Novo Testamento está a memória dos grandes feitos históricos de Deus junto a seu povo. Saúdo-os calorosamente e envio cumprimentos especiais a Hannah.

12ª carta

Morte no Mar Vermelho

Cara Sra. Westerkamp,

Nossa conversa fica cada vez mais interessante. O que escrevi em minha última carta sobre a libertação de Israel do Egito foi novidade para ambos. Vocês compraram uma Bíblia, leram a narrativa do Êxodo, ficaram horrorizados e você comenta que "Milhares de pessoas são aniquiladas no Mar Vermelho pelo próprio Deus e depois essa orgia de afogamento ainda é celebrada".

Seu marido então continuou lendo e se deparou com mais e mais massacres cometidos em nome de Deus ou mesmo pelo próprio Deus, ele pergunta se são essas as novas liberdade e dignidade humana de que falo tão lindamente. E você acrescenta: "Como deveríamos expor tais crueldades a Hannah? Não somos nem queremos ser capazes de fazer isso".

Cara Sra. Westerkamp, é bom que a questão da violência na Bíblia tenha surgido tão rapidamente para vocês dois. Ela pode e deve ser esclarecida. Esta pergunta em particular deixa claro que a Bíblia não foi ditada palavra por palavra pelo próprio Deus, mas se desenvolveu de uma maneira completamente diferente. Em nítido contraste com o que o Islã diz do Alcorão, ela é a "palavra de Deus na palavra do homem", ou seja, é de fato a Palavra do Deus vivo, mas esta palavra foi apreendida, compreendida e formulada de uma maneira humana e numa longa história, até que a Palavra manifesta e definitiva de Deus ficou absolutamente nítida em Jesus.

Antes de tratar da aniquilação do exército do Faraó no Mar Vermelho, tenho uma observação a respeito de Hannah. Queremos proteger nossos filhos de crueldades. Certo! Mas não devemos confundir horrores reais em nossa sociedade, que realmente ferem a alma das crianças, com histórias em que os maus são derrotados e os bons são salvos. Se, por exemplo, durante o intervalo escolar, crianças viciadas em mídia digital mostrarem aos colegas videoclipes em seus *smartphones* com animais morrendo, execuções reais de pessoas ou cenas pornográficas os alarmes devem soar entre nós. Por outro lado, as histórias que, como "narrativas", mantêm uma grande distância dos leitores e nas quais o bem triunfa são outra coisa. Essas histórias não prejudicam as crianças de forma alguma. Elas as amam e até precisam delas, pois as crianças querem justiça.

A narrativa do Êxodo retrata o Faraó como um governante profundamente obstinado, até mesmo maligno, que sem pensar duas vezes transforma um povo inteiro em trabalhadores forçados (Ex 1,11-14) e dá a ordem para que todos os meninos nascidos dos israelitas fossem jogados nas águas do Nilo (Ex 1,15-22). E isso é exatamente o que acontece com o exército egípcio, ele perece na água.

A história pretende dizer que o desprezo pelos seres humanos é vingado ainda na terra. Acima de tudo, porém, quer deixar claro que Deus livra do mal aqueles que se entregam a ele em confiança. Mais que isso, a história do Êxodo quer mostrar que esse povo escolhido com amor é tão importante que Deus não o deixa soçobrar. Ele precisa desse povo para mudar o mundo. Se vocês indicarem essas direções narrativas para Hannah, não precisarão se preocupar com ela.

Mas faço um comentário fundamental sobre a violência no Antigo Testamento. Sim, ela existe, existe até mesmo em Deus. E, quando nos deparamos com textos bíblicos com esse teor, precisamos ter clareza sobre duas coisas.

Em primeiro lugar, muitos textos querem dizer tão somente que Deus não pode tolerar a injustiça. Ele não pode ficar impassível perante o assassinato de inocentes e a exploração dos pobres. Ele deve criar justiça e restaurar a ordem legal perturbada. Isso é então expresso na linguagem *daquela época*. Por favor, não se esqueça, esses textos têm em média 2.500 anos, falam numa língua diferente e em gêneros linguísticos diferentes dos que usaríamos hoje.

Em segundo lugar, devemos esclarecer que o povo de Deus, Israel, pôde chegar ao conhecimento de Deus apenas de maneira lenta, em muitos e pequenos passos. Esse povo teve de desmantelar a maneira como as religiões vizinhas pensavam e falavam dos deuses para compreender o Deus único e verdadeiro. Essa compreensão cada vez mais profunda pode ser percebida claramente no Antigo Testamento. Há ali numerosos textos que deixam claro que os problemas da sociedade e dos povos não devem ser resolvidos com violência.

No Livro de Levítico, os israelitas são instruídos a amar todo o povo de Deus como amam a própria família, até mesmo os estrangeiros que vivem em Israel (Lv 19,18.34). No livro de Zacarias, o Messias esperado é descrito como um rei de paz, que entra na cidade de Jerusalém não em cavalo de guerra, nem com armas, mas indefeso sobre um jumento, a cavalgadura dos pobres (Zc 9,9s.). E no livro do profeta Isaías, Israel, que foi sequestrado e esmagado pelas nações, é descrito como um "servo de Deus" que prefere ser pisoteado por seus adversários a recorrer à violência (Is 52,13–53,12).

É verdade que essas asserções fulcrais nem sempre se mantêm teologicamente no Antigo Testamento. Foi Jesus que deu a clareza última a elas, tanto em sua pregação quanto em sua vida. Mas o compromisso com a não violência já aparece no Antigo Testamento e já lança uma luz brilhante sobre o próprio Deus.

Diga você mesma se uma fé que não nasceu pronta, mas teve de lutar e se impor rumo a uma compreensão cada vez mais profunda, não é muito mais plausível e humana do que aquela em que Deus envia uma verdade fixa e pronta por correio expresso, por assim dizer.

Desejo a vocês dois e, claro, a Hannah também, que deem muitos pequenos e grandes passos no caminho do conhecimento e da visão cada vez mais clara. As mais calorosas saudações!

13ª carta

A ordem social do Sinai

Cara Sra. Westerkamp,

Há coisas realmente singulares neste mundo. Tínhamos falado sobre violência no Antigo Testamento; que os vídeos violentos que as crianças em idade escolar mostram umas às outras no recreio hoje são o que realmente prejudica as crianças e não, por exemplo, narrativas do Antigo Testamento, e dois dias depois sua filha lhe implora por um *smartphone* como presente de aniversário. "Todo mundo na sala", diz ela, "tem um", e agora ela finalmente quer um porque seu celular antigo simplesmente lhe causa vergonha.

Vocês não atenderam ao pedido, mas também não disseram que isso está fora de questão. Ambos se sentaram com Hannah. Deduzo de sua carta que houve uma longa conversa em que vocês tentaram dar à sua filha razões para essa negativa provisória.

Infelizmente, não entendo muito sobre questões pedagógicas. Mas tenho a impressão de que vocês reagiram corretamente. Primeiro, porque você e seu marido conversaram com Hannah *juntos*. Ela pôde ver que a questão é importante para vocês e que ambos compartilham o mesmo pensamento a respeito disso. Também foi importante o fato de terem dito os motivos. Mas o fator decisivo provavelmente foi que vocês disseram a Hannah que nem sempre precisamos fazer a mesma coisa que os outros, que podemos ter opiniões diferentes. Acho que tudo isso está correto.

Todo o processo me fez constatar mais uma vez como uma criança pode se sentir irremediavelmente desamparada quando deve se opor, como indivíduo, ao que todo mundo está fazendo com a maior naturalidade. Hannah deveria ter amigas que, neste caso, fizessem a mesma coisa que ela. Seria preciso que houvesse a mentalidade e até – que se entenda bem – o orgulho de um pequeno grupo que vivesse com a consciência de que faz as coisas diferente dos outros, de que tem opinião própria, que nade contra a maré.

Penso que esse tipo de experiência nos ajuda a entender o pequeno Israel. Visto de fora, tratava-se de um povo pobre e insignificante em meio a grandes potências. Acreditava no Deus único no meio de povos com dinastias inteiras de deuses. Não adorava a natureza, mas o Deus que criou o céu e a terra. Não exaltava o poder, mas o temor a Deus. Esse povo nadou contra a corrente da religião dominante. Não poderia e não deveria ser como os outros.

Deve ter sido incrivelmente tentador celebrar as festas religiosas dos cananeus e entrar no ritmo da vida deles. O primeiro livro de Samuel mostra a frequência com que o desejo de Israel se fazia ouvir: "E seremos, também nós, como todas as nações" (1Sm 8,20). Mas então, se necessário, vozes discordantes podiam se levantar: "Pois isso não se faz em Israel" (2Sm 13,12).

É com base nisso que devemos entender a grande narrativa de Israel reunido no Monte de Deus e a assim chamada "legislação" do Sinai. Esta narrativa se encontra no livro do Êxodo e é construída de tal forma que Deus oferece uma "aliança", mais precisamente um "contrato", ao povo resgatado do Egito. Ele será o Deus de Israel, o Deus que o guia através da história, e Israel será seu povo, um povo que vive de maneira diferente dos povos gentios e que, justamente por isso, torna-se uma bênção para eles. A narrativa, que como muitas outras narrativas do Antigo Testamento condensa a experiência de séculos, ocorre de tal maneira que todo o Israel, homem e mulher, jovem e velho, concordam livremente com este contrato (Ex 24,7).

A Torá*, a "instrução" dada a Israel, é uma ordem social que corresponde ao contrato com Deus. Claro, ela se desenvolveu durante longos períodos, não caiu do céu. É uma tentativa de direcionar toda a vida de Israel para Deus em todas as áreas e da manhã à noite. Tudo, a escolha do vestuário, a alimentação correta, a construção de casas, o trabalho e o lazer, a celebração de festas, a relação entre homens e mulheres, entre jovens e idosos. A vida tem a ver com Deus completamente. Claro, grande parte da Torá é moldada pelo pensamento e pelas condições de vida da época. Nesse sentido, muitas coisas nela nos parecem estranhas, até mesmo impossíveis.

Mas aqui não devemos ignorar o fato de que certos fundamentos da Torá são surpreendentemente modernos, por exemplo, o de que a orientação correta da vida não gira apenas em torno da alma da pessoa, nem de seu cerne mais íntimo, nem em torno exclusivamente de seu espírito, mas também de seu corpo, suas condições de vida e todo o seu entorno. O que importa é o "mundo real" das pessoas. Tudo deve ser feito apropriadamente e, portanto, de acordo com a criação. O povo em Israel deve pertencer inteiramente a Deus e ser igualmente desprovido de todos os poderes que tornam sua vida sombria e sem liberdade. A Torá, com suas diretrizes e proibições, está condensada nos "Dez Mandamentos".

Sem dúvida, uma quantidade infinita de coisas poderia ser dita sobre os Dez Mandamentos, sua história, seu significado exato e a história de seus efeitos. Tenho de me limitar a umas poucas coisas centrais. Vejamos inicialmente o texto dos Dez Mandamentos (eu o encurtei em dois lugares) de acordo com sua versão no livro de Deuteronômio:

> [Prólogo] Eu sou o Senhor, teu Deus, que te fiz sair da terra do Egito, da casa da servidão.
> [1º mandamento] Não terás outros deuses diante de mim. Não farás nenhum ídolo, nada que tenha a forma do que há em cima no céu, embaixo na terra ou nas águas debaixo da terra. Não te prosternarás diante desses deuses e não os servirás.
> [2º mandamento] Não pronunciarás o nome do Senhor, teu Deus em vão, pois o Senhor não deixa impune quem pronuncia seu nome em vão.
> [3º mandamento] Que se guarde o dia do sábado, considerando-o sagrado, conforme o Senhor, teu Deus, te ordenou. Trabalharás durante seis dias, fazendo todo o teu trabalho. Mas o sétimo dia é o sábado do Senhor, teu Deus. Não farás trabalho algum, nem tu, nem teu filho, nem tua filha, nem teu servo, nem tua serva, nem teu boi, nem teu jumento, nem algum de teus animais, nem o migrante que está em tuas cidades. [...]
> [4º mandamento] Honra teu pai e tua mãe, conforme o Senhor, teu Deus, te ordenou, a fim de que teus dias se prolonguem e que sejas feliz sobre a terra que o Senhor, teu Deus, te dá.
> [5º mandamento] Não cometerás homicídio.
> [6º mandamento] Não cometerás adultério.
> [7º mandamento] Não roubarás.
> [8º mandamento] Não prestarás testemunho falso contra teu próximo.
> [9º mandamento] Não cobiçarás a mulher do teu próximo.
> [10º mandamento] Não pretenderás a casa do teu próximo, nem seus campos, nem seu servo, sua serva, seu boi ou o seu jumento, nada do que pertença a teu próximo (Dt 5,6-21).

Como eu disse, devo enfatizar aqui que antes dos Dez Mandamentos há um breve prólogo: "Eu sou o Senhor, teu

Deus, que te fiz sair da terra do Egito, da casa da servidão." O prólogo deixa claro que os Dez Mandamentos não são simplesmente ordens flutuantes de Deus e certamente não são fardos impostos ao homem, são uma "reação" ao que Deus já fez pelo seu povo. Ele o conduziu à liberdade e cumprir essas instruções é, portanto, uma resposta grata às ações de Deus. Claro, isso também se aplica hoje, pois, agindo sobre nós no batismo, Deus nos conduz a uma nova terra, ou seja, à comunhão da Igreja, e ali ele nos dá liberdade. Pois àquele que se confia a ele e observa seus mandamentos escapa a inúmeras coerções, escapa do caos para o qual todas as "liberdades" que assumimos de maneira independente acabam nos levando.

Também é importante que a primeira prioridade de todos os mandamentos seja o dever de adorar somente o Deus *único*. Israel não devia servir a deuses estrangeiros e suas imagens que tentavam tornar presente o divino. Esse ponto central diferia de todas as religiões da época. Havia entre os povos vizinhos incontáveis deuses imponentes que muitas vezes correspondiam de maneira exata aos desejos humanos, mas Israel não podia servi-los, mesmo quando isso era extremamente tentador. Esse mandamento também é fundamental para os cristãos porque continuamos fabricando nossos deuses, aos quais não apenas servimos, mas praticamente sucumbimos: poder sobre os outros, nação, dinheiro, luxo desenfreado, ganância descontrolada, o "eu" imoderadamente no centro de tudo. Tudo isso pode se tornar Deus para nós, isto é, a coisa mais elevada e última a que nos entregamos.

Um capítulo depois, em Deuteronômio 6,4-5, o 1º mandamento é reformulado de maneira ainda mais precisa e profunda, dizendo: "Escuta, Israel! O Senhor, nosso Deus, é o Senhor que é um. Amarás o Senhor, teu Deus, com todo o teu coração, com todo o teu ser, com todas as tuas forças".

Isso significa que Deus não pode ser um assunto secundário e certamente não devemos usá-lo erroneamente para nossos próprios interesses. Só podemos "amá-lo", isto é, entregar-nos a ele livremente e com toda nossa existência.

Cara Sra. Westerkamp, ainda há muito o que dizer sobre os Dez Mandamentos e a Torá. Mas minha carta seria muito longa. Apenas ressalto que dói na minha alma quando vejo que muitos de nossos contemporâneos, tão orgulhosos do Iluminismo europeu, não sabem mais de onde vem a maioria de suas liberdades e conquistas. Devemos agradecer ao Antigo Testamento pelo dia de folga no ritmo semanal, nossas grandes festas, o respeito à propriedade, a alta dignidade da pessoa, a proteção até mesmo de nossa residência contra acessos de estranhos e muitas outras coisas.

Cordiais saudações a todos por hoje.

14ª carta

A ancoragem dos direitos humanos

Cara Sra. Westerkamp,

Você me agradece pelo que eu disse sobre os Dez Mandamentos. Especialmente por reproduzi-los (quase) completamente em minha última carta. E você faz duas perguntas. Uma delas é: Onde a Torá diz algo sobre "proteção da residência contra acesso de estranhos?". Você diz achar isso altamente espantoso e nunca ouviu nada parecido.

Bem, essa pergunta é fácil de responder. O livro de Deuteronômio trata da questão de como efetuar um empréstimo. Empréstimos eram necessários no Israel agrário, especialmente quando a colheita de um ano do agricultor havia sido destruída por pragas ou seca. Então os ricos tinham de ajudar com um empréstimo. No entanto, não deviam cobrar juros sobre ele. O empréstimo era restituído em dinheiro ou tinha de ser liquidado por prestação de serviços no período subsequente. Como segurança, o credor podia exigir um penhor (simbólico) para isso. No entanto, ele não devia entrar na casa do pobre. A privacidade dos pobres devia permanecer protegida. A lei pertinente diz: "Se concederes um empréstimo qualquer a teu próximo, não entrarás em sua casa para pegares um penhor. Ficarás do lado de fora e o homem a quem fizeste o empréstimo levar-te-á o penhor lá fora" (Dt 24,10s.).

A segunda pergunta, que você faz em nome de seu marido, é mais difícil de responder. Ele gostaria de saber de onde os direitos humanos realmente vêm, se do Antigo Testamento ou de outro lugar. Vocês provavelmente sabem que a solene declaração mundial dos direitos humanos só ocorreu em 1948 (Carta dos Direitos Humanos da ONU), mas é claro que pensar e proclamar direitos humanos básicos, que não devem ser violados, é algo muito mais antigo. Os filósofos gregos já haviam fornecido os fundamentos essenciais. O pensamento jurídico de Roma também desempenhou papel importante e a primeira escrita sistemática de direitos humanos remonta ao grande rei persa Ciro. Assim, a declaração da ONU tem muitas raízes. Infelizmente, em toda essa questão, o papel importante e até decisivo da tradição judaico-cristã é ignorado.

Veja os três grandes lemas da Revolução Francesa "Liberdade, Igualdade, Fraternidade". Durante séculos, a narrativa do Êxodo foi um dos textos centrais para a "liberdade". Ele conscientizou as pessoas sobre o que é a liberdade. A Bíblia fala sobre "igualdade" em muitos lugares, um por exemplo é quando todo Israel, sem distinção, diz sim à oferta da aliança de Deus junto ao Sinai ou quando, nas primeiras comunidades cristãs, judeus e gregos, escravos e pessoas livres se reúnem em torno da mesa da Eucaristia (Gl 3,28). Além disso, há o livro de Deuteronômio que criou o conceito de "fraternidade" ou "solidariedade".

Por fim, Gênesis 1,27 desempenhou papel central no conceito de "dignidade humana": "Deus criou o homem à sua imagem, à imagem de Deus ele o criou; criou-os macho e fêmea". Aqui, não apenas se enfatiza a igualdade de dignidade para homens e mulheres, mas também se afirma para ambos uma dignidade que não poderia ser maior: homem e mulher são "imagem de Deus". A Igreja se referiu repetidamente a esse texto.

Muito mais poderia ser mencionado aqui. Para citar apenas outro exemplo, acredito que pouquíssimas pessoas pensaram na força silenciosa com que as belas representações de Maria na Idade Média incutiram a imagem da dignidade da mulher nas almas europeias.

No entanto, algo mais é importante para mim. Ideias humanitárias, pensamentos nobres e até declarações sobre a dignidade do homem já existiram na história do mundo. É crucial saber se tinham uma "ancoragem na vida", ou seja, se eram vividos e se havia instituições por trás deles garantindo que podiam ser vividos. Muito do que hoje é uma das grandes realizações do Iluminismo europeu já fora realizado muito antes nas comunidades da sinagoga judaica ou nas comunidades cristãs.

Princípios democráticos, por exemplo, já haviam existido por séculos nas ordens* cristãs antes da proclamação da democracia esclarecida. O abade* era frequentemente escolhido por todo o convento*. A solidariedade com os pobres e doentes também deriva da tradição judaico-cristã. A assistência institucional aos pobres refere-se claramente às comunidades judaica e cristã. Hospitais para doentes, lares para doentes e indefesos, instituições para resgate de prisioneiros são invenções cristãs.

Os direitos humanos precisam de um lugar em que sejam vividos e que sua justificação esteja ancorada em Deus. Caso contrário, dissolvem-se lenta e inevitavelmente. Se a fé cristã se evaporar cada vez mais na sociedade europeia, pode acontecer que os direitos humanos, mesmo a liberdade e a democracia, tornem-se questionáveis. Não é por acaso que leis já estabelecidas sejam tão hábil e astutamente distorcidas para que correspondam às correntes do momento.

Certamente não é por acaso que há muito não se fala mais dos mandamentos de Deus, mas de "valores" e "regras". E, em vez de "culpa", fala-se de "violação de regras". Valores e regras são feitos pelo homem. Eles seguem as concepções mutantes da sociedade e as maiorias podem mudá-los. Por outro lado, os mandamentos de Deus estão relacionados às estruturas da criação e à dignidade do homem dada por Deus. Portanto, são intocáveis.

Cara Sra. Westerkamp, estou profundamente convencido de que em última análise o ódio de Hitler e seus seguidores contra os judeus tinha a ver com o fato de que no judaísmo havia mandamentos elementares que vinham de Deus e que ninguém poderia mudar à vontade: "Servirás somente a Deus (e não ao 'líder'), não matarás, não roubarás, não cobiçarás". Isso não agrada a tiranos e assassinos, daí o ódio nazista a Israel.

Toquei em algo muito sério agora, mas a situação mundial é mortalmente séria. Uma ordem fundamental democrática e livre não é uma obviedade, é como uma ponte de cordas oscilante sobre um desfiladeiro profundo. Fornecer ancoragens sólidas a essa ponte é algo que depende de nós. Com esta mensagem séria, saúdo a todos cordialmente.

15ª Carta

Rebelião em Israel

Caro Sr. Westerkamp,

O calor está intenso por aí também? Temos temperaturas quase tropicais aqui no Sul já há vários dias. Sua carta de resposta também foi acalorada. Você escreve que "Seria bom se o progresso no mundo, se o Iluminismo e a humanidade procedessem tão facilmente da tradição judaico-cristã como você descreve". É claro que você está certo em expressar lamento. De fato, a história não pode ser reduzida às fórmulas que devemos usar quando queremos delinear em poucas páginas desenvolvimentos complicados.

"Seria bom!", digo também. Na realidade, nesse longo processo, a Igreja deve se tornar cada vez mais consciente em relação ao reconhecimento da verdade que lhe é incutida. Ela já tem tudo na bagagem, mas muitas coisas ainda não foram desempacotadas. Frequentemente profetas estrangeiros e restrições externas precisam ajudá-la nesse trabalho de desempacotar. Há muito tempo ela realizou e viveu coisas diferentes, especialmente em seus primeiros dias, mas quase as esqueceu. Há outras vivências que ela experimenta sem cessar por meio de seus santos; certamente os crentes "normais" reverenciam os santos e pedem sua intercessão junto a Deus, mas preferem evitar a natureza radical desses santos e consequentemente a natureza radical do Sermão da Montanha.

Por que isso? É porque a Igreja não é apenas uma Igreja de santos, mas também de pecadores. Na longa caravana em que ela viaja pelos desertos da história, há procrastinadores, céticos e sabichões, mas também pessoas com problemas nos pés, cegos, coxos, feridos e muitos que quase desabam sob seus fardos. A imensa multidão só se move lentamente, muitas vezes parando, e nunca desaparece o risco de desvios e caminhos errados. É um milagre incrível que o povo de Deus ainda exista apesar de toda a culpa que há em suas fileiras, que a Igreja tenha preservado o evangelho e que verdade e bênção emanem dela apesar de todas as suas chagas.

A Bíblia é bastante clara sobre tal milagre. Mal Israel foi libertado do Egito e o povo já murmura e anseia pelas panelas cheias de carne do Egito (Ex 16,3). Israel recebera havia pouco a Torá no Sinai e já estava dançando ao redor de um touro de ouro e gritando "Estes são os teus deuses, Israel" (Ex 32,1-6). E quando os exploradores voltam da terra desejada, não há entusiasmo. Pânico e medo se espalham (Nm 13-14). Com grande frequência, o povo de Deus não acreditava nas promessas de seu Deus.

Muito do que o Antigo Testamento conta é uma história de revolta contra Deus, de rebelião contra suas diretrizes, de resmungos, dúvidas e até mesmo afastamento de Deus. O tempo todo, os profetas têm de se erguer e mostrar ao povo de Deus o caminho certo. Repetidamente precisam dizer a Israel que se não há entre eles solidariedade, justiça social, auxílio aos pobres e necessitados, então seus serviços são inúteis e Deus se aborrece com seus sacrifícios e canções de louvor. "Desprezo as vossas festas, e as vossas assembleias solenes não me dão nenhum prazer", é dito no profeta Amós (Am 5,21).

As "histórias de murmúrios", em que o povo se rebela contra Moisés e finalmente contra o próprio Deus, continuam no Novo Testamento. Muitos discípulos abandonam Jesus porque não creem mais nele (Jo 6,66), Pedro o nega (Mc 14,66-72), Judas o entrega a seus adversários (Mc 14,10s.). Na Igreja primitiva de Jerusalém, aqueles que falavam grego murmuravam contra os que falavam aramaico (At 6,1). Mais tarde, há uma grande controvérsia sobre a questão se os gentios que entram na Igreja devem ser circuncidados ou não (At 15,5-7).

A Bíblia diz tudo isso com muita franqueza e sem qualquer eufemismo. Provavelmente não há sociedade que tenha contado as próprias origens com tanta verdade. Para a maioria dos povos, as narrativas sobre suas origens são sagas heroicas. Em Israel, em grande parte são histórias de incredulidade, infidelidade, apostasia e rebelião contra Deus.

Pergunto novamente: por que é assim? E agora devo cavar mais fundo. Os povos ao redor de Israel estavam muito satisfeitos com suas respectivas religiões. Não se rebelavam contra seus deuses. Construíam inúmeros templos, faziam votos, consultavam os oráculos, ofereciam a seus deuses os sacrifícios tradicionais e celebravam suas festas religiosas com prazer. Por outro lado, Israel vivia em constante rebelião contra seu Deus. Por quê? Esse povo era menos religioso do que os outros? Não! Israel pretendia ser religioso quando pecava, mas Deus queria algo completamente diferente. A *religião* tenta constantemente colocar os planos de vida pessoais sob a bênção de Deus ou dos deuses, mas a *fé* questiona os planos de vida pessoais perguntando apenas qual é a vontade de Deus.

No entanto, por mais assustadora que possa parecer a rebeldia do povo de Deus, ela é um sinal de que algo monstruoso está acontecendo no mundo desde o chamado de Abraão e desde a saída de Israel do Egito, pois torna-se visível no mundo uma vontade divina que não é novamente a mera projeção das preocupações e anseios humanos. A história da relutância de Israel é também a da descoberta da verdade, ou seja, a face do verdadeiro Deus resplandece.

É claro que Israel não fala apenas de sua culpa e infidelidade, também fala de sua constante conversão. O milagre do povo de Deus cintila sobretudo aqui. Este milagre não consiste primeiramente em suas realizações, nem simplesmente na verdade, nas coisas boas e belas que Israel deu ao mundo, mas na sua constante *conversão* à verdade e no fato de que está sempre perguntando pela *real* vontade de Deus. Aqui se mostra o verdadeiro milagre. É um milagre que vem de Deus.

Caro Sr. Westerkamp, "Seria bom!" foi nosso lamento (em comum). Mas poderíamos acrescentar: não é fascinante que Deus faça de seu povo o "sal da terra" apesar de sua indolência e culpa? Quando leio essas palavras do Sermão da Montanha (Mt 5,13), penso sempre em sopa, pois, sem a pequena quantidade de sal que há na sopa, ela fica sem graça, insossa. Quando os cristãos realmente vivem sua fé no evangelho, são o sal na sopa de uma sociedade muitas vezes insípida. Saúdo a todos e desejo que continuemos a compreender este milagre.

PS: Cara Sra. Westerkamp, quase esqueci algo muito importante, que é o caso de seu irmão. Você estava ansiosa pela visita dele porque vocês raramente se veem. Então veio a decepção. Quando você lhe contou sobre o batismo de Hannah, sua primeira comunhão e o caminho que vocês estão trilhando, ele respondeu educadamente, mas como você o conhece bem não deixou de notar o leve escárnio que se desenhou em seus lábios. "Não foi possível", você escreve, "dizer a ele o que nos move, a mim e a meu marido. De repente, havia algo como uma parede de vidro e meu irmão ficou atrás dela como um estranho".

Essa experiência, Sra. Westerkamp, é a mesma de muitas pessoas, pois acreditar em Deus e seguir Jesus pode criar separações. Isso muitas vezes gera fissuras que atravessam relacionamentos, não raramente até mesmo na própria família. O fato é que a fé é uma questão da existência inteira, seu alcance é muito profundo. Pode alienar irmãos e irmãs, pais e filhos, como também pode transformar estranhos em irmãos e irmãs. Permaneça ligada ao seu irmão Hans do fundo do seu coração, mas siga com confiança seu caminho ao lado de seu marido. Como diz o profeta Miquéias a respeito de Israel e dos povos gentios: "Se todos os povos caminham cada qual em nome de seu deus, nós caminhamos em nome do Senhor, nosso Deus, para todo o sempre" (Mq 4,5). Cordiais saudações!

16ª Carta

Jesus, totalmente de Israel

Cara Sra. Westerkamp,

Muito obrigado por sua carta. A completa falta de compreensão por parte de seu irmão continua a assombrá-la e não poderia ser diferente. Não só porque é seu irmão! Todos nós queremos transmitir aos outros algo que vivenciamos e que nos afeta profundamente. Aliás, essa falta de compreensão dentro da própria família também é descrita no Novo Testamento, já que o próprio Jesus experimentou a mesma coisa. Seus "irmãos" – provavelmente uma referência a seus parentes mais próximos – consideravam sua aparição pública um escândalo. Eles diziam que "Ele enlouqueceu" e queriam forçá-lo a voltar para casa e trazê-lo de volta ao controle da família (Mc 3,21.31). Nessa situação, Jesus se distanciou de seus parentes e passa a chamar de irmãos e irmãs àqueles que o escutam e só querem fazer a vontade de Deus (Mc 3,31-35). Talvez você queira dar uma olhada nessa cena no Evangelho de Marcos. Podemos, inclusive, imaginá-la. Ela nos diz muito sobre Jesus.

Obrigado também por tudo o que você escreveu. As histórias da murmuração e apostasia de Israel lhe deixaram curiosa. Você leu a história da quebra da aliança em Êxodo 32 e visualizou vividamente o que aconteceu. Descobriu que se fala em bezerro e não em touro, como eu havia afirmado. Você está certa em pedir informações. Minha resposta é que era um touro, porque o touro simbolizava poder abundante e irresistível. Um touro era, portanto, particularmente adequado como imagem oriental antiga de um deus. Todavia, os narradores falam de bezerro para denunciar a estupidez e o ridículo de todo o evento. Quem se afasta do Deus verdadeiro adora "bezerros".

Você ficou ainda mais impressionada com o radicalismo dos profetas. Você me pede a indicação de um texto para ler. Bem, seriam muitos. Recomendo textos do Livro de Amós 5,21-27; 6,4-7; 7,10-17 e 8,4-7 ou Oseias 11,1-11. Claro, o melhor seria ler tranquilamente um livro inteiro dos profetas. Mas isso só faria sentido com uma introdução e um bom comentário.

Os profetas de Israel com sua crítica acerba quando o povo se entregava aos deuses dos povos vizinhos; depois sua coragem e seu amor abnegado quando era necessário trazer Israel novamente ao seu Deus são fenômenos que não existem em nenhuma outra parte no Oriente antigo. Sem os profetas de Israel, Jesus nunca teria sido possível. Os profetas o precederam. Abriram o caminho para ele. Jesus retomou e reuniu o que eles disseram. Ele é o finalizador dos conhecimentos que Israel duramente conquistou. Se eu quisesse descrever o que Jesus reuniu e levou à clareza definitiva, teria de escrever um livro inteiro sobre Jesus para você. Limito-me aqui a citar três pontos particularmente importantes.

Inicialmente, há o 1º mandamento que exige entrega total ao *único* Deus. Só ele pode ser o Senhor, não os deuses que os próprios homens fabricaram. Esse mandamento do Antigo Testamento é o centro de vida de Jesus: somente Deus é o Senhor. Mas ele não é mestre no sentido estático de um governo oculto e inacessível. Seu domínio não permanece no céu, mas pretende transformar a terra, quer criar verdade, justiça, equidade e abundância.

Assim, a soberania de Deus não repousa em si mesma, mas avança, "aproxima-se". É por isso que Jesus proclama a vinda da "soberania de Deus" ou a vinda do "reino de Deus". Ambas são a mesma palavra na língua materna aramaica de Jesus e em hebraico. A expressão "reino dos céus"* também significa exatamente a mesma coisa no Novo Testamento.

Portanto, Jesus não proclama uma realidade distante acima das nuvens, mas a criação de Deus que se torna íntegra e avança em direção ao seu objetivo, no qual Deus é tudo em todos. E esta nova criação não vem em um momento qualquer, mas hoje, aqui, agora. Vem na pregação de Jesus e em seus feitos poderosos. Vem com a pessoa de Jesus.

Jesus não apenas coloca o 1º mandamento radicalmente no centro de sua pregação, ele também leva a sério a lógica da eleição de Israel no Antigo Testamento, este é meu próximo ponto. Sua mensagem não é dirigida difusamente ao mundo inteiro, mas a Israel, ou seja, onde o processo de conhecimento sobre o único Deus verdadeiro havia começado, onde Deus reunira um povo com um amor inexplicável não para favorecê-lo, mas para convocá-lo à existência *para os outros povos*. Deus começa num lugar específico e bem definido no mundo justamente porque está pensando no mundo inteiro. Jesus compreendeu profundamente essa "estratégia" de Deus e a realizou. Os doze discípulos que ele envia representam a reunião e a renovação das doze tribos*.

Para que Israel cumpra seu dever em relação ao mundo, deve primeiramente se arrepender. Justiça, solidariedade, perdão e amor devem reinar em seu meio. Jesus combinou o mandamento de amar a Deus, de Deuteronômio 6,5, com o mandamento de amar o próximo, de Levítico 19,18-34, fundindo-os numa unidade inseparável. O amor de Deus é provado pelo amor ao próximo. Quem no povo de Deus não ama seus irmãos e suas irmãs não deve alegar que ama a Deus. Aqui também Jesus recorre à Torá do Sinai e lhe confere uma ênfase final.

Apenas um terceiro ponto, embora muitas outras coisas possam ser mencionadas: Jesus interiorizou profundamente todos os textos que já no Antigo Testamento elevavam a não violência a princípio de vida do povo de Deus. Ele proíbe seus discípulos de usar a violência e prefere ser morto a lançar mão de violência. Aqui também Jesus foi pioneiro para todos os tempos.

Tenho de parar por aqui. Tomei a resolução de que não quero que minhas cartas sejam muito longas. Mas espero que também tenha ficado claro que tudo, realmente tudo o que Jesus proclamou e viveu, deriva da tradição de Israel, da Torá e dos profetas. Mas Jesus sentiu de maneira única o que era essencial e central nessa tradição, reunindo, esclarecendo e libertando de tudo o que ainda era ambíguo.

E ele não apenas ensinou essas coisas essenciais, mas as sintetizou na própria existência. Dessa forma, ele se tornou o aperfeiçoador de Israel. Não é possível pensar em Jesus sem o povo de Deus do Antigo Testamento. Ele procede inteiramente de Israel e só pode ser entendido com base no Antigo Testamento. Jesus é um israelita, é claramente um judeu, e, portanto, é o "Salvador" do mundo. Saúdo a todos vocês com o desejo profundo de que se afeiçoem a ele.

17ª carta

Jesus, totalmente de Deus

Caro Sr. Westerkamp,

Como mostra sua resposta, minha última carta o fez pensar bastante. Você escreve: "Sim, sempre houve pessoas como Jesus. Pessoas que fecharam ciclos e, com isso, fizeram um avanço. O inglês Charles Darwin foi uma pessoa desse tipo. Representa um tremendo progresso na biologia. Mas de fato Darwin já tinha predecessores. Sua perspectiva sobre a origem das espécies pairava no ar e um dia ela teve de vir à tona quase *inevitavelmente*. Jesus também deve ter sido uma pessoa assim. Ele terminou o que os profetas do Antigo Testamento haviam começado".

Citei essa longa passagem para rever as ideias que você expressa. De alguma maneira, o que escreve aí está correto. No entanto, nada na história da fé é "inevitável". Pode ser que nas ciências naturais certos avanços no conhecimento *tenham de* vir em algum momento, a fé, contudo, baseia-se na escuta, na livre decisão e na conversão. Não há absolutamente nada inevitável. Por outro lado, você tem razão sobre Jesus ter terminado o que os profetas de Israel haviam começado. Ele é o finalizador.

Mas se queremos compreender melhor Jesus, esse é apenas *um* dos aspectos. Jesus é fruto da longa história de fé desde Abraão. Ele é inconcebível sem os processos de aprendizado anteriores em Israel. Esta afirmação, no entanto, não é suficiente. Com Jesus, ao mesmo tempo vem ao mundo algo que não pode mais ser deduzido da história de Israel. O Evangelho de Mateus tenta formular isso, que é algo absolutamente diferente e novo, dizendo que Jesus "é do Espírito Santo" (Mt 1,20). Essa asserção expressa exatamente o que quero mostrar nesta carta: Jesus é fruto da história de Israel, mas sua pessoa é, ao mesmo tempo, muito mais do que essa história. Jesus não vem apenas *totalmente* da história de Israel, ele vem *totalmente* de Deus.

O Evangelho de Lucas formula algo semelhante ao de Mateus. O anjo que interpreta o mistério de Jesus a Maria diz: "O Espírito Santo virá sobre ti e o poder do Altíssimo te cobrirá com a sua sombra; e por isso aquele que vai nascer será santo e será chamado Filho de Deus" (Lc 1,35). O Credo dos Apóstolos* retomou essas asserções e as formulou: "Jesus Cristo* [...] concebido pelo Espírito Santo, nasceu da Virgem Maria".

Essas afirmações de que Jesus "é do Espírito Santo" ou mesmo que "foi concebido pelo Espírito Santo" não devem ser mal compreendidas. Isso não significa que o Espírito Santo assumiu o papel *biológico* do homem na concepção de Jesus. Tampouco significa que Jesus, como vários heróis gregos, teve uma mãe humana e supostamente teria um deus como o progenitor *copulador*, tornando-se, assim, um ser híbrido, um "semideus" (meio deus, meio homem). A igreja nunca quis dizer isso e se afastou desses mitos com indignação.

Numa carta anterior eu havia falado do diálogo constante entre Deus e a criação e entre Deus e o homem. Retomo esse pensamento para um melhor entendimento sobre Jesus. No caso de Jesus, o diálogo entre Deus e o homem finalmente teve êxito. Jesus é a "Palavra" por excelência, a palavra final de Deus ao mundo, a palavra que tudo exprime, que tudo revela. Nele, Deus se "expressou" plenamente. Ao mesmo tempo, Jesus é também a palavra completa e definitiva do mundo para Deus. Porque em Maria, que disse seu sim em nome de Israel, a palavra de Deus foi finalmente acolhida com total devoção e sem nenhuma rebelião. Dessa forma, a "Palavra de Deus" pôde se tornar carne (Jo 1,14).

Mas quando o próprio Deus vem ao mundo, todas as possibilidades da criação, natureza e história são excedidas. Só fazemos justiça ao mistério da pessoa de Jesus se enfatizamos esse outro lado com a mesma força usada para enfatizar a origem de Jesus em Israel.

É com base nisso que deve ser entendido o título "Filho de Deus", que em Lucas é posto em conexão direta com o ato pelo qual o Espírito Santo cobre Maria com sua sombra. Evidentemente, Jesus não é filho de Deus no sentido biológico. Tampouco é um "filho" no sentido que *nós* falamos de filhos naturais. Como ocorre sempre que falamos de Deus, o termo "Filho" é entendido em sentido figurado, assim como uma criança tem uma proximidade inseparável de seus pais, Jesus tem uma indissolúvel proximidade de seu Pai celestial. Esse é um mistério de fé. E, no entanto, devemos tentar pensar e confessar esse mistério em nossos termos.

Ao longo dos primeiros séculos, a Igreja tentou compreender e examinar a fundo o que os discípulos de Jesus experimentaram diretamente e o que eles registraram nos escritos do Novo Testamento. O Concílio* de Calcedônia* no ano 451 alcançou o ápice desse exame e da proteção contra erros e falsos ensinamentos, formulando que Jesus é plenamente humano e é plenamente Deus. Mais precisamente, "inconfundível e inseparável". Portanto, não é metade humano e metade Deus, mas ambos completamente. Ele é verdadeiramente ser humano e nele Deus se tornou a presença perfeita em nosso mundo.

Para o conhecimento de Deus por parte de Israel, isso não é algo completamente impensável ou totalmente absurdo. Porque já é dito no Antigo Testamento que Deus "habita" no meio do seu povo, ou seja, na Tenda Sagrada das peregrinações no deserto e mais tarde no Templo de Jerusalém (Ex 40,34-38; 1Rs 8,10s.). Correspondendo a isso, o autor da epístola à Igreja de Colossos diz que Deus "habitou em Jesus" (Cl 1,19; 2,9), e o autor do Evangelho de João formula: "O Verbo se fez carne e habitou entre nós" (Jo 1,14).

Pode-se ver no fenômeno da "morada" de Deus em seu povo que a igreja não se desvia do Antigo Testamento. Não mistura absurdos à fé de Israel. Em vez disso, leva radicalmente a sério as linhas básicas do Antigo Testamento.

Caro Sr. Westerkamp, esta carta se tornou muito teológica. Mas ela trata justamente de tentar compreender *teologicamente* os mistérios da fé cristã, isto é, usar a força da tradição cristã e a força da razão humana. Ainda há muito a ser dito.

Saúdo a todos vocês muito cordialmente e desejo-lhes um coração aberto para o milagre da Encarnação e para o poder do Espírito Santo.

18ª Carta

Jesus, a presença de Deus no mundo

Cara Sra. Westerkamp, caro sr. Westerkamp,

    Fiquei realmente preocupado. Normalmente, suas cartas sempre chegavam com rapidez. Era uma conversa de verdade, que ia e voltava. Mas desta vez já fazia 10 dias e nenhuma de suas cartas havia aparecido em meu correio eletrônico. Vocês dois teriam contraído a gripe do verão ou o encontro com seu irmão (ou cunhado) tivera efeitos posteriores muito mais fortes e duradouros? Ou teria sido o assunto da minha última carta?

    Sua carta de ontem mostra que o problema era o tema. Vocês escrevem: "Nós estávamos apenas constrangidos. Tivemos dificuldade em entender o que você disse sobre ser 'concebido pelo Espírito Santo' e sobre ser 'totalmente humano e totalmente Deus'. Essas ideias estão espantosamente distantes de nós. O que podemos fazer com essas informações? A quem isso ajuda? Isso serve para sanar as aflições no mundo?" Vou formular uma resposta em três itens:

    1. Vocês certamente se lembram de que falei várias vezes sobre a criação em minhas cartas. Que Deus criou o mundo por amor, por um amor que dá. Mais do que isso, um amor que não só dá alguma coisa, mas que se dá. Este movimento fun-

damental de Deus sustenta e preenche a criação desde o início. Jesus é a culminação dessa autodoação de Deus a sua criação.

Em Jesus, Deus se dá. Jesus é a presença plena de Deus em nosso mundo. Com isso, a criação já atingiu seu objetivo. À medida que Deus se torna presente no homem Jesus, o mundo se torna, pelo menos nele, plenamente aquilo para o que foi criado e Deus está plenamente no mundo. O Deus infinitamente distante, tão incompreensível e indizível para nós, está em nosso meio. Ele pode ser visto. Ele se tornou nossa carne e nosso sangue.

Isto é algo incrivelmente belo. A terra é mais do que um monte de sujeira e miséria, é mais do que uma partícula de poeira perdida no cosmos. A história não é um teatro do absurdo, ela se tornou preciosa e boa em Jesus, amada por Deus e aceita por toda a eternidade. Jesus é o lugar e o garantidor da presença perfeita de Deus. Isso está longe de nós? Isso não é importante? Não é um profundo consolo?

2. Já falamos longamente sobre o fato de que a criação e a história não se desenrolaram como poderiam. Deus queria um mundo *livre* e um ser humano *livre*. Isso, porém, gerou a possibilidade de paralisação, de negação e recusa e infelizmente essa possibilidade se tornou realidade. Vivemos numa história marcada não só por muitas coisas boas, mas também por falácias, maldade e terror.

Os potenciais do mal criam sofrimento, confusão e caos, escuridão e miséria sem nome. Como o socorro pode vir a este mundo confuso e sem esperança? O socorro pode vir devido ao fato de que, pelo menos em um lugar, resplandece para todos nós o que Deus quer, qual é o seu plano e onde está a salvação. Esse lugar é Jesus. Deus não diz o que quer – *como* ele traz a salvação e *como* a salvação é possível – com meras palavras, com um manifesto altissonante, com uma espécie de "plataforma política", mas com Jesus, em quem ele mesmo se fez homem.

É assim que Deus salva e redime. Ele não usa palavras bonitas, mas dá "a" palavra, ele nos dá seu filho e, portanto, ele se dá a si mesmo. Ele próprio entra na miséria que criamos, no caos que produzimos. Ele faz isso para nos libertar.

3. Deus não faz tudo isso magicamente, não usa truques. Ele se torna *verdadeiramente* humano. A antiguidade grega e romana imaginava que seus deuses poderiam assumir um corpo ilusório e aparecer na terra por um curto período. Por um momento, então, eles "se fantasiavam" de humanos.

A fé cristã diz algo completamente diferente. Ela confessa que Deus se tornou verdadeiramente humano em Jesus. E tornar-se verdadeiramente ser humano é um evento precedido por uma longa história. Isso não ocorre sem um povo que ouve e se converte incessantemente. Também não ocorre sem uma mãe que com toda a sua existência, corpo, alma e espírito diz seu "sim" a esse evento, e o diz em nome de todo o Israel. Isso é o que acima de tudo se entende por "virgindade" de Maria, pois não foi com a metade de seu coração que disse sim ao que deveria acontecer, ela o fez com total exclusividade e devoção indivisa. Um coração "puro" é um coração indiviso que se entrega absolutamente a Deus.

Seu filho, Jesus, também teve de dizer esse "sim" várias vezes. Em Jesus, Deus encontrou um homem que disse sim a Deus "com todo o coração, com toda a alma, com todas as forças" (Dt 6,5) e com toda a sua liberdade. Por isso, Deus pôde "habitar" nele (Cl 2,9).

Mais uma vez, a salvação do mundo não se dá por meio de uma ideologia perfeita, nem por uma proclamação definitiva dos direitos humanos, nem por meio de uma plataforma partidária ideal (por mais necessárias que sejam). Não ocorre por meio de um rearmamento moral do qual todos participam e muito menos por meio de uma força policial mundial que garanta a ordem. Ao contrário, aconteceu quando Deus finalmente encontrou num povo que ele havia criado para si uma pessoa que, *por meio de sua mãe*, estava absoluta e indivisivelmente aberto a Deus desde o primeiro momento de sua existência. Por meio desse homem, que é a perfeita "imagem de Deus" (Cl 1,15), o mundo será redimido.

Não acho isso apenas realista. Acho belo e reconfortante. E não desejo nada senão que vocês compreendam isso na fé. Cordiais cumprimentos!

19ª carta

A pretensão de Jesus

Caro Sr. Westerkamp,

Ainda estamos tentando nos aproximar do mistério de Jesus. Você tem suas dificuldades com isso, o que não é ruim, pelo contrário, é normal. Na própria época de Jesus, as pessoas já estavam tentando entendê-lo e classificá-lo. Alguns diziam que ele era um grande profeta (Lc 7,16); outros, que ele era o João Batista que havia retornado à terra (Mc 8,28); e os adversários de Jesus diziam que ele estava possuído pelo demônio (Mc 3,22). Portanto, Jesus era controverso ou até mesmo claramente rejeitado já naquela época. Porém, muitos viram nele o cumprimento de todas as esperanças de Israel e acreditaram nele.

Mas agora vamos a sua principal dificuldade! Em sua carta, você fala sobre uma conversa com um de seus colegas. Surpreendentemente, era sobre Jesus (é raro, mas pode acontecer). Seu colega afirmou (de forma bastante agressiva, como você escreve) que Jesus era um simples curandeiro e pregador itinerante que veio a ser deificado pela Igreja. Esse colega teria lido sobre a "deificação" de Jesus no livro de um historiador sério e respeitado.

Você então escreve: "Tudo isso me incomodou demais. Porque esse tipo de coisa realmente acontece. As pessoas são exaltadas como figuras sobre-humanas por seus seguidores. Para ser honesto, eu simplesmente não soube o que dizer ao meu colega. Então faço minha pergunta: o que você teria dito à afirmação de que Jesus foi deificado pela Igreja em formas cada vez mais extremadas? Infelizmente, não consigo lembrar o nome do historiador".

Sr. Westerkamp, investiguei o assunto, encontrei o livro em questão depois de um pouco de pesquisa, encomendei-o e o li imediatamente. Há um capítulo inteiro intitulado "A Deificação de Jesus" (XIII 4). O livro é do berlinense Werner Dahlheim, historiador da Antiguidade, e se chama *O mundo no tempo de Jesus*.

O que eu penso sobre isso? O livro é empolgante, cita repetidamente textos-fonte, está certo em muitos aspectos – especialmente no que diz respeito ao mundo antigo – mas é tendencioso no que diz respeito a Jesus e à Igreja. Nesse âmbito, as coisas são grosseiramente distorcidas às vezes. O autor requenta a velha tese de que a Igreja posteriormente "deificou" o profeta e pregador itinerante Jesus, usando termos da filosofia grega.

Claro, todos são livres para escolher em que acreditam. Mas um historiador deve descrever os processos histórico-religiosos atendo-se à verdade dos fatos. Werner Dahlheim poderia ter feito sua exposição dizendo *objetivamente* que, depois da Páscoa*, com auxílio de conceitos e formas de pensamento judaicos, a Igreja primitiva formulou a confissão de que Jesus era o Filho de Deus. Ao fazer isso, atribuiu-lhe autoridade divina e essência divina. Mais tarde, continuou a refletir sobre essa tradição confessional e a especificou em vários concílios, chegando à afirmação de que Jesus é verdadeiro Deus e verdadeiro homem. No entanto, os resultados dos concílios em questão nem de longe foram aceitos por todos os cristãos da época.

Nesse nível, teria sido possível uma correta descrição histórica do fenômeno, o que deixaria em aberto se o próprio autor crê no primeiro credo da Igreja ou não. Ele poderia simplesmente ter descrito o que ocorreu, em termos de história da religião. Poderia até ter indicado seu ceticismo sobre o caminho de fé da Igreja.

Infelizmente, Dahlheim não procede dessa maneira. Ao falar da "deificação de Jesus", e até mesmo dar esse título a um capítulo inteiro, usa um termo do antigo culto ao governante. Dou um exemplo do complexo âmbito desse culto a seguir.

Vários imperadores romanos foram elevados ao status de deuses do Estado por um ato estatal próprio. Durante a cremação do cadáver numa estrutura elevada, uma águia era solta de sua gaiola. Seu voo em direção ao céu era considerado um símbolo da deificação do imperador falecido. Tal ascensão era depois confirmada por um juramento de testemunhas e validada numa audiência no Senado. O imperador era, então, declarado um deus. A coisa toda era chamada de "deificação" (*deificatio*).

Quando um historiador usa esse termo para a crença da Igreja em Jesus, coloca a fé da Igreja primitiva em Cristo exatamente no mesmo nível que o culto aos deuses e o culto estatal do Império Romano ou o culto divino dos governantes helenísticos. Fenômenos historicamente sem qualquer semelhança entre si são jogados numa panela e remexidos.

Infelizmente, Dahlheim não é o único que trabalha assim. A maioria dos historiadores que falam de uma "deificação" de Jesus pela Igreja não menciona que a crença na divindade de Jesus não foi um desenvolvimento tardio, mas que já está presente no próprio Novo Testamento.

Já nas cartas mais antigas do Novo Testamento, Jesus recebe o nome *Kyrios* (= Senhor), exatamente *o* nome que é usado no Antigo Testamento grego para descrever o próprio Deus. No Novo Testamento, esta transferência de nomes ocorre, por exemplo, na carta de Paulo à Igreja em Filipos (Fp 2,9-11; cf. Rm

10,9; 1Cor 12,3). Além disso, os textos do Antigo Testamento que falam de Deus como Senhor são aplicados a Jesus Cristo (por exemplo, em 1Cor 1,31; 2,16; 2Cor 10,17). No Evangelho de João, Tomé dirige-se a Jesus ressuscitado com a confissão: "Meu Senhor e meu Deus" (Jo 20,28) e em 1 João 5,20 Jesus Cristo é descrito como "verdadeiro Deus e vida eterna".

Em contraste, Dahlheim apresenta as coisas como se a confissão de Jesus como o verdadeiro Deus tivesse surgido muito mais tarde. Ele fica em silêncio sobre esses textos relevantes do Novo Testamento. Mas, acima de tudo, ele e todos aqueles que trabalham com a "deificação de Jesus" suprimem o fato de que o próprio Jesus *indiretamente* levantou essa tremenda pretensão. A confissão de Cristo pós-Páscoa nada mais é do que o esforço para fazer justiça à pretensão de Jesus. Vou tentar delinear a pretensão *indireta* de Jesus em três etapas:

1. Jesus *fala* como alguém que está no lugar de Deus. Não fala como um profeta que apenas transmite a palavra de Deus. Tampouco fala como um precursor apontando para alguém maior que virá depois dele. Ele se exprime com autoridade absoluta. Isso se mostra, por exemplo, no muito frequente "eu" soberano na pregação de Jesus. "Ouvistes ainda que foi dito aos antigos [...] Eu, porém, vos digo..." (Mt 5,33s.).

2. Jesus *age* como alguém que está no lugar de Deus. Um exemplo é que, segundo a teologia de Ezequiel, o *próprio* Deus reunirá seu povo (Ez 36,24). Jesus começa a união e a renovação de Israel quando, numa ação simbólica, nomeia e envia com autoridade doze homens como representantes do Israel do fim dos tempos (Mc 3,13-19). Outro exemplo são os escribas oponentes de Jesus que dizem com razão: "Quem pode perdoar os pecados a não ser Deus só?" (Mc 2,7). Mas Jesus prometia às pessoas o perdão dos pecados (Mc 2,5; Lc 7,47) e, em coerência com isso, comia junto com os pecadores públicos, um escândalo no judaísmo ortodoxo da época (Mc 2,13-17). Aqui também ele age como se ele próprio estivesse no lugar de Deus.

3. Acima de tudo, porém, devemos levar em consideração que Jesus não apenas fala e age como alguém que está no lugar de Deus. Ele age *escatologicamente*, isto é, *definitivamente*. A decisão sobre sua pessoa torna-se a salvação ou o julgamento para o ser humano: "Eu vos digo: todo aquele que se declarar por mim diante dos homens, o Filho do Homem também há de se declarar por ele diante dos anjos de Deus" (Lc 12,8).

Muitos outros textos poderiam ser listados aqui. Negar todos eles a Jesus seria desonesto e tendencioso. Os discípulos de Jesus tiveram a experiência de que a Palavra final de Deus ocorre em Jesus, e de que nele acontece o agir final de Deus no mundo. Deus se expressa completamente nele. Ele é a autocomunicação de Deus que nunca pode ser superada. É a verdadeira imagem de Deus para sempre.

Desde o início, os discípulos de Jesus tentaram compreender essa experiência básica com auxílio de imagens e conceitos judaicos e colocá-la em palavras. Quando a Igreja posteriormente desenvolveu e pensou nessas imagens e conceitos, chegou à confissão de fé apropriada e lógica de que Jesus é totalmente Deus e totalmente humano. Com essa confissão ela não "deificou" Jesus posteriormente, mas apenas pensou até as últimas consequências a pretensão de Jesus, com a qual as primeiras testemunhas já eram confrontadas.

Caro sr. Westerkamp, não se deixe enganar com bordões e *slogans* como "a Igreja deificou Jesus". Aqueles que escrevem dessa forma são os que de antemão já se decidiram contra a pretensão de Jesus. Se é considerado que algo é impossível – a saber, que Deus se torne homem –, então os testemunhos de fé do Novo Testamento são minimizados e se alega que a Igreja, decepcionada com a morte de Jesus, deificou um profeta itinerante carismático e lhe atribuiu todas as coisas possíveis. O grave aqui é que a mera escolha do termo "deificação" configura uma manipulação sutil. Isso não é honestidade científica.

Para mim, é extremamente difícil atacar um historiador merecedor como Werner Dahlheim dessa maneira. Será que eu deveria ter mencionado o nome dele? Porém, quando se trata de fé, as coisas sempre ficam concretas e nós cristãos não estamos apenas cercados por pessoas que deliberadamente ridicularizam nossa fé (Dahlheim certamente não se inclui entre elas), mas também por pessoas que historicamente distorcem a pretensão de Jesus (sim, Dahlheim faz isso ao usar a palavra-chave "deificação").

É claro, um historiador não precisa acreditar em Jesus. Pode haver muitas razões para não acreditar. Mas, como cientista, Werner Dahlheim deveria ter dito que o Novo Testamento e a Igreja primitiva viam Jesus como o Filho de Deus. Isso teria sido correto. E ele poderia ter acrescentado: "Mas eu não vejo dessa forma". No entanto, ao simplesmente propagar que "A Igreja deificou Jesus", ele está claramente ultrapassando seus limites como historiador.

Essas ultrapassagens de limites ocorrem incessantemente em nossa sociedade, assim a visão de mundo de cada um é apresentada como ciência. Infelizmente, também há reportagens seletivas desse tipo em muitos programas de rádio e televisão, de modo que a manipulação pública das massas com meias verdades é generalizada. Saúdo a ambos muito cordialmente e desejo-lhes o poder do discernimento crítico.

20ª Carta

Um indivíduo pode redimir o mundo?

Cara Sra. Westerkamp,

A realidade da vida nos alcançou. Enquanto buscamos uma compreensão adequada sobre Jesus, Hannah passa por uma experiência muito triste. Pensei nela várias vezes e fiquei feliz quando você, numa de suas últimas cartas, disse que ela havia se tornado coroinha*, que estava indo à aula para coroinhas toda semana e ficou muito orgulhosa quando pôde auxiliar na celebração litúrgica pela primeira vez. Tudo isso me fez recordar meu próprio tempo de coroinha, ao qual devo muito.

E agora você me escreve que Hannah foi ignorada por algumas das garotas em seu grupo de coroinhas. Elas também se uniram contra ela, cochichando sobre ela e virando as costas quando ela se aproximava. Uma delas disse que ela nunca se tornaria uma coroinha de verdade, porque estava fazendo tudo errado. "No começo ela nada nos contou", você escreve. "Então percebi que havia alguma coisa errada. Ela chorou e, no domingo passado, explicou que não vai mais à igreja. O que devemos fazer?"

Não tente apenas consolar Hannah ou minimizar a coisa toda! O assunto deve ser esclarecido. Nada disso é inofensivo. Acima de tudo porque as instigadoras envolveram meninos na situação, um dos quais disse a Hannah: "Sua vadia estúpida" e "Saia daqui!".

Antes de tudo, por favor, peça que Hannah lhe conte exatamente e com detalhes o que aconteceu. Se o grupo de coroinhas é liderado por uma pessoa experiente e confiável, converse com essa pessoa sobre o assunto.

Você deve decidir se Hannah precisa ir junto. Se necessário, vá até o pároco, pois uma das tarefas mais importantes é assegurar a reconciliação e a paz na paróquia*. Em seguida, deve haver uma conversa com os coroinhas e as coroinhas que participaram do *bullying*. Muitas vezes há um ou dois que se põem à frente nessas coisas e dirigem os outros. Acima de tudo, é preciso trocar algumas palavras com eles. Se não houver entendimento, os pais das coroinhas em questão devem ser consultados.

Tudo isso requer esforço, mas é um esforço que vale a pena. Mesmo no pior dos cenários, se nada resultar disso, Hannah poderá ver que adultos a defenderam buscando justiça e reconciliação. Só isso já será uma experiência de extrema importância para ela. E você deve levar a sério o fato de ela não querer mais ir à igreja. Ela está profundamente magoada e relaciona essas coisas ruins, que geralmente acontecem em pátios de escola, com sua experiência na igreja.

Meu conselho é que vocês dois frequentem à missa de domingo sem sua filha e, se não puderem deixar Hannah sozinha, que vão separadamente a dois cultos diferentes. É bom sua filha perceber que o culto dominical deve vir antes de qualquer outra coisa, porém não fiquem falando demais sobre isso.

É muito triste que Hannah tenha de passar por essas coisas. Isso mostra algo do estado do nosso mundo. O mundo precisa de redenção. Como tema para esta carta, decidi o seguinte: como foi realmente possível que a morte de Jesus redimisse o mundo? É, afinal, possível que uma única pessoa possa redimir o mundo? Gostaria de me voltar para esta questão, começando pela ideia de agir no lugar de outra pessoa.

Pois a tradição cristã diz que Jesus assumiu seu sofrimento em nosso lugar e morreu em nosso lugar por nossos pecados. Desde o Iluminismo europeu, as opiniões estão divididas a respeito dessa afirmação. Como alguém pode fazer por mim algo que eu mesmo deveria fazer? Como posso me deixar redimir por outro? Eu não tenho de me esforçar? Não devo eu próprio me libertar? Muitos sucedâneos modernos da religião resultam em nada mais que autorredenção.

Mas isso faz justiça à verdadeira situação do homem? Estou convencido, Sra. Westerkamp, de que o desejo de autorredenção não está à altura do ser humano e de sua realidade. Dependemos dos outros do início ao fim de nossa vida, tal como precisávamos de nossos pais quando éramos crianças! Eles nos alimentaram, vestiram, ensinaram a usar o banheiro, limparam nosso nariz e amarraram nossos sapatos até que finalmente pudéssemos fazer isso tudo sozinhos.

Em seguida, precisamos de professores que nos ensinaram aritmética e escrita com muita paciência. E assim continuamos: vieram outros que nos ajudaram, nos apresentaram novas áreas, nos aprimoraram com suas habilidades e nos mostraram soluções. Até mesmo na idade adulta, dependemos constantemente da experiência e da ajuda de outras pessoas. E, quando envelhecemos, precisamos ainda mais do cuidado dos outros, da conversa com conhecidos e amigos, muitas vezes até da memória daqueles que nos rodeiam quando a nossa se torna cada vez mais fraca.

Quando dirijo meu carro sobre uma ponte alta, por exemplo, confio na competência dos engenheiros que a projetaram e na diligência dos técnicos que fazem sua manutenção regularmente. Cada pessoa, cada sociedade, vive por haver um número infinito de pessoas que fazem algo em seu lugar. Elas podem fazer algo que eu próprio não posso fazer e vêm em meu auxílio com seu conhecimento. A Igreja, ainda mais, vive da fé de seus santos e sobretudo do caminho que Jesus percorreu.

O fato de haver alguém agindo em nosso lugar nunca tem a finalidade de nos desobrigar de fazer as coisas por nós mesmos, não nos dispensa de nossas próprias crenças e de nossa própria conversão, mas objetiva justamente possibilitar nossas ações. Essas ações realizadas para nós não incapacitam, ao contrário, elas têm a intento de que nos tornemos livres para agir por nossa conta.

É exatamente nesse sentido que também podemos compreender o fato de Jesus agir em nosso lugar. Ele chegou finalmente ao ponto que sempre foi o objetivo da criação: o homem deveria reconhecer Deus, Jesus reconheceu Deus completamente; o homem deveria estar em sintonia com a vontade de Deus, Jesus disse que seu alimento é fazer a vontade de Deus (Jo 4,34); o homem deveria viver em comunhão destemida com Deus, Jesus estabeleceu essa comunhão. Jesus viveu tudo isso em completa liberdade até a morte.

Mas isso pela primeira vez criou em nosso mundo um espaço de completa proximidade com Deus, no qual outros também podem entrar; um espaço cujas características são a liberdade, a não violência e o amor. Eu nunca poderia viver tudo isso por força própria, sozinho, por minha conta. Mas o posso por causa do que Jesus viveu e do que sua morte incutiu no mundo para sempre. Posso – junto com muitos outros – adentrar esse espaço de liberdade e reconciliação.

Esse é, antes de qualquer coisa, o significado do discurso sobre a morte redentora e vicária de Jesus que se tornou tão incompreensível para as pessoas de hoje. Não apenas a vida de Jesus, mas especialmente sua morte tem importância central porque foi justamente a morte que mostrou que toda sua vida era o que era desde o início, ou seja, pura abertura a

Deus, pura devoção a Deus, pura confiança, pura não violência, puro "ser para os outros".

Se eu aplicar tudo isso à experiência que Hannah sofreu, ela está numa situação com a qual não pode lidar sozinha, sem ajuda externa. Não há dúvidas de que ela também precisa fazer algo. Até precisou tomar uma atitude crucial primeiro, que foi chorar e pedir ajuda a vocês. Neste momento ela deve confiar que pode receber ajuda. No entanto, é ainda mais importante que existam outros que realmente a ajudem: os pais, o/a líder do grupo de coroinhas, o pároco, ou seja, pessoas que querem ajudar, que se preocupam com a reconciliação e a verdadeira cooperação.

A Igreja não é um paraíso utópico, é o lugar no mundo em que se luta pela verdade, sempre com perdão mútuo, reconciliação e buscando a paz uns com os outros. Isso é uma impossibilidade diante do que o ser humano se tornou na história. Não alcançaremos isso sem Jesus, que primeiramente percorreu o caminho da absoluta não violência e do amor radical, tornando esse caminho possível também para nós.

Cara Sra. Westerkamp, a forma como Hannah está sendo socorrida (Deus permita que isso não falhe!) pode deixar claro o que realmente é a redenção, pois Jesus abriu um espaço de liberdade e conversão para nós. À medida que entramos nesse espaço, ele se torna cada vez maior. Um dia deverá abranger o mundo inteiro. Começou com Abraão e está definitivamente presente com Jesus. A Igreja nada mais é do que o lugar permanente de reconciliação que Jesus criou.

Crianças de até nove anos não podem criar algo como paz e reconciliação por conta própria. Adultos normalmente também não podem. A paz deve ser promovida por meio de exemplos, por meio de santos. A paz libertadora e redentora teve de ser estabelecida por Jesus e, portanto, por Deus; e no espírito de Jesus todos nós podemos produzir paz e reconciliação. Isso é o que importa.

Eu tinha um parente que era pároco numa cidade grande, numa extensa paróquia num bairro elegante, perto da estação de trem principal. Às vezes eu o visitava. A residência paroquial era cheia de vida. A campainha estava sempre tocando. Sempre tinha alguém querendo falar com o pároco. Perto da porta de entrada, ele mandou pintar na parede uma máxima em letras grandes. Se bem me lembro, era assim. Se bem me lembro, dizia:

> Todo mundo quer mudar o mundo,
> e qualquer um pode,
> é só querer começar.

Quando adolescente, achava esse texto impressionante. Eu o amava. É por isso que ainda posso citá-lo de cor. Levei muitos anos para perceber que algo estava errado com essa máxima otimista. Por quê? Não podemos mudar o mundo. Mesmo se começarmos em nós mesmos, não podemos, pois sempre criamos apenas infortúnios. É preciso começar com Jesus, mais precisamente, devemos fazer com que ele comece. Somente se tivermos fé e nos confiarmos a ele e à história por trás dele, poderemos mudar o mundo com ele e por meio dele. Não somos capazes de nada por nós mesmos. Eu os saúdo de coração e fico rezando por Hannah.

21ª carta

A morte de Jesus, uma morte sacrificial?

Cara Sra. Westerkamp,

Sua carta demorou a chegar e o motivo é claro. Você quis aguardar um pouco, por causa do assunto com Hannah. Estou feliz que o pároco logo tenha se mostrado disposto a um encontro e depois conversado tão sabiamente com Hannah, com os dois meninos e as três meninas que começaram tudo. Senti um alívio no coração ao saber que os ânimos se acalmaram para Hannah. Também posso entender por que ela não quer voltar para a igreja ainda. Dê-lhe um tempo!

Você escreve que a coisa toda os afetou, a você e a seu marido. Sim, é assim mesmo, e sempre será assim, quando se tem um filho ou alguém muito amado, sofremos com ele. É exatamente nesse contexto que gostaria de dizer algo sobre o tema "sacrifício".

Esse conceito desempenha um papel importante na Igreja Católica. Você provavelmente já o viu em algum lugar. Fala-se muito do sacrifício da vida de Jesus, de sua morte sacrificial, do sacrifício na cruz, do sacrifício da Missa, do sacrifício que Jesus fez pelo mundo inteiro e dos sacrifícios que também deveríamos fazer.

Ao mesmo tempo, há hoje na Igreja certa resistência ao conceito de sacrifício. Muitos estão simplesmente fartos do uso inflacionário dessa palavra. Sacrifícios em guerra, desastres, trânsito, clima... Quem não é sacrificado? E *a quem* realmente se sacrifica? Acima de tudo, as pessoas não querem mais ter nada a ver com o discurso grandiloquente que ainda era excessivamente comum na primeira metade do século XX sobre sacrifícios honrosos pela pátria. Mas o discurso atual e precipitado sobre os sacrifícios pessoais que devemos fazer também está dando nos nervos de muita gente.

Aqui é preciso falar em razões teológicas, considerando que as antigas religiões estavam repletas de sacrifícios e atos de sacrifício. Grande número de ovelhas, cabras e touros era abatido para os deuses. Não havia refeição comemorativa que não estivesse de alguma forma vinculada a um ritual de sacrifício aos deuses. Ninguém tomava uma taça de vinho sem antes jogar algumas gotas no chão para os deuses. É verdade que a fé cristã se distanciou do sacrifício pagão desde o início, mas devemos ainda associar a morte de Jesus com um termo tão carregado como "sacrifício"?

A coisa toda se tornou ainda mais questionável quando foi dito que o Deus bíblico havia desejado um sacrifício que o satisfizesse e para que ele pudesse apaziguar-se. A justiça inexorável de Deus exigia um sacrifício, o sacrifício do próprio filho. Essa ideia está por trás de muitos textos aparentemente piedosos, mas está de acordo com a Bíblia? Não, a concepção de que o Deus ofendido precisava de um sacrifício para sua conciliação não é cristã; deturpa a mensagem bíblica, distorce e envenena a imagem de Deus. Não foi Deus que quis que Jesus morresse, foram os homens.

Um Deus que desejasse a morte de Jesus só pode parecer um monstro para as pessoas racionais. Devemos abandonar tais ideias. É por isso que faço a simples pergunta: Como Jesus realmente apareceu? Como ele começou sua pregação?

Qual era o centro de sua pregação? Jesus apareceu na Galileia com a mensagem: "eu vim ao mundo para sofrer e assim fazer expiação pelos pecados do mundo, segui-me e sofrei comigo"? Ou proclamou como centro de sua mensagem: "vim ao mundo porque Deus deseja que eu me torne um sacrifício para a redenção do mundo"? Ou proclamou: "a morte na cruz é o objetivo supremo da minha vida"? Se sim, então isso certamente teria sido masoquismo, glorificação do sofrimento, uma cultura da morte.

A resposta só pode ser que não foi assim que Jesus apareceu. Desde o início, sua pregação foi chamada de "Evangelho", de Boa Nova. Marcos resume toda a mensagem de Jesus no início de seu evangelho: "Cumpriu-se o tempo, e o Reinado de Deus aproximou-se: convertei-vos e crede no Evangelho!" (Mc 1,15).

E quando, na prisão, João Batista envia mensageiros para perguntar a Jesus: "És tu 'Aquele que vem' ou devemos esperar outro?", Jesus responde: "Os cegos recobram a vista e os coxos andam direito, os leprosos são purificados e os surdos ouvem, os mortos ressuscitam e a Boa Nova é anunciada aos pobres" (Mt 11,2-5).

Os cegos, coxos, leprosos, surdos e mortos representam o sofrimento e a miséria do mundo. Jesus luta contra essas aflições. Miséria e sofrimento não são o que a criação deveria ser. Jesus quer que *Deus* seja o Senhor no mundo e assim a criação se torne o que deveria ser. Isso é o que impulsiona sua mensagem e suas ações.

Mas como isso é possível? É possível porque Jesus tem absoluta confiança em seu Pai celestial. Com base nessa confiança, ele sabe que Deus está constantemente agindo. Tudo o que ele quer é a felicidade, a salvação, a libertação do mundo. Este é o sentido da criação. Jesus deve ter reconhecido profundamente que *hoje mesmo* Deus dá toda a sua salvação. O ser humano só precisa permitir isso. Quando as pessoas se abrem para essa vontade de Deus, o impossível se torna possível. Então o mundo começa a se transformar.

No entanto, essa transformação do mundo não vem de nós, nem acontece magicamente. Acontece pela devoção de Jesus a Israel, pelo fato dele viver com toda a sua existência "para" o povo de Deus. E este "para" é realizado de muitas maneiras, sobretudo no fato de Jesus reunir discípulos em torno de si. Eles aprendem com ele a confiança, a reconciliação, o cuidado, a olhar para longe de si mesmos e em direção ao povo de Deus. Eles devem tornar sua a preocupação de Deus com o mundo.

Imaginemos que os seguidores de Jesus tivessem se multiplicado e reunido cada vez mais pessoas a seu redor que se colocaram totalmente à disposição. Vamos imaginar que havia mais e mais lugares em Israel em que Deus era o Senhor, cada vez mais lugares em que o "ouve, Israel" e o "pai-nosso" se tornaram uma realidade viva. Então Israel teria mudado, a reconciliação e a paz teriam se estabelecido, Jesus não teria morrido na cruz e Israel teria se tornado a cidade resplandecente na montanha.

Mas infelizmente não foi assim que aconteceu. O mundo funciona de forma diferente. Já falamos sobre como os seres humanos podem se recusar isso tudo, e sobre como o mundo está permeado de danos potenciais que surgem dessas recusas. Jesus foi atacado, caluniado, declarado rebelde pelo Sinédrio em Jerusalém e executado na cruz pelo poder ocupante romano. Mas sua devoção ao povo de Deus – e com ela sua devoção aos exaustos, sobrecarregados, desprezados e perseguidos – não morreu, ela foi inscrita no mundo desde que tudo aconteceu. Assim sendo, podemos (na verdade, devemos) falar de seu sacrifício de vida.

Podemos nos unir ao autor da carta aos Efésios quando ele diz: "Imitai a Deus, visto que sois filhos que ele ama; vivei no amor, como Cristo nos amou e se entregou a si mesmo a Deus por nós em oblação e sacrifício, como perfume de agradável odor" (Ef 5,1s.). Com base nessas afirmações, devemos entender que Deus não pediu o sangue de Jesus para ser apaziguado. Deus não exige o sangue de outrem, mas se dá no próprio Jesus. Só nesse aspecto nos é permitido falar do "sacrifício na cruz".

Volto à nossa aversão ao conceito de sacrifício. Essa relutância é compreensível. No entanto, devemos lembrar que ninguém é capaz de viver sem os "sacrifícios" dos outros. Em poucas palavras: quanto tempo e energia os outros despenderam por mim para que eu pudesse me tornar uma pessoa com um mínimo de sensatez! Quanta paciência, cuidado, carinho, tempo e amor meus pais me deram! Tudo isso não estava relacionado com sacrifícios?

Os pais de hoje, em particular, não apenas vivenciam a profunda felicidade que os filhos significam, mas também as exigências excessivas que a educação infantil no século XXI implica. Para muitos pais, ter filhos é um grande esforço. Eles ficam exaustos, lamentam a impossibilidade de recuar, dificilmente conseguem conciliar trabalho e família e muitas vezes só querem sobreviver. O simples fato de que nas grandes cidades não se pode mais simplesmente mandar o filho brincar na rua mostra o fardo dos pais de hoje.

Mas basicamente não era muito diferente no passado. Com frequência, havia pobreza extrema ou doenças galopantes que tiravam a vida de muitas crianças e causavam enorme sofrimento aos pais. Além de toda a alegria, trazer uma criança ao mundo sempre implicava sacrifícios e todos nós vivemos pelo fato de que nossos pais não fugiram desses sacrifícios. Qualquer um que anseie por uma vida sem sacrifício é cego para a realidade.

Outro exemplo: consideremos o amor entre um homem e uma mulher, imaginemos uma parceria que seja, de maneira geral, bem-sucedida! Pode-se dizer que não haverá sacrifícios a serem feitos nessa convivência? Isso é muito improvável. Afinal de contas, nenhum dos dois poderá fazer com que o outro se adapte ao seu gosto. Nenhum dos dois pode querer moldar o outro à sua imagem. Papa Bento XVI escreveu em sua encíclica* "*Spe salvi*" de 30 de novembro de 2007: "E, por fim, o 'sim' ao amor é fonte de sofrimento, porque o amor exige sempre expropriações do meu eu, nas quais me deixo podar e ferir. O amor não pode de modo algum existir sem esta renúncia mesmo dolorosa a mim mesmo, senão torna-se puro egoísmo anulando-se deste modo a si próprio enquanto tal" (n. 38). Quando falamos do sacrifício de Jesus Cristo na cruz, isso significa tão somente que ele, com devoção extrema, não queria existir para si, mas para Deus e para as pessoas. Foi exatamente isso que mudou o mundo até a sua essência.

Caros pais Westerkamp, digo tudo isso também pensando nas adversidades que vocês tiveram com sua filha nas últimas semanas. Ela foi agredida e vocês também. Sofrimento desse tipo aparecerá repetidas vezes em nossa vida. A questão é saber o que fazemos com isso. Às vezes, podemos eliminá-lo, mas nem sempre dá certo, outras vezes devemos carregá-lo. Se o carregamos até perante Deus, pode acontecer que ele seja transformado. Foi exatamente isso que aconteceu com Jesus, e muitos que creem nele poderiam contar histórias semelhantes. Afetuosas saudações!

22ª carta

A ressurreição de Jesus dentre os mortos

Caro Sr. Westerkamp,

Muito obrigado por sua carta! Você faz uma objeção que mostra estar realmente refletindo sobre meu pensamento. Você escreve: "Por que, na verdade, essas longas explanações sobre a morte de Jesus, todas as quais desembocam no fato de que essa morte foi algo muito especial, profundo e misterioso? Por que essa morte é infinitamente envolvida em mistério? Continua dizendo que Jesus morreu por nossos pecados. Por que alguém deve morrer pelos pecados dos outros? Se Deus é realmente o Deus misericordioso e que tudo perdoa, deveria ser suficiente simplesmente pedir perdão a Deus. Ele perdoa e pronto! Nossa culpa se foi! Então por que Jesus teve de morrer pelos *meus* pecados?"

De fato, por que as coisas não são tão simples? Só os teólogos sempre tornam tudo difícil e complicado? Ou o próprio mundo é muito mais complicado do que parece à primeira vista? O que realmente acontece quando alguém peca, quando incorre em culpa, quando comete um crime? Existe apenas uma mancha escura em sua alma, em seu âmago, no cerne de sua pessoa que precisa ser removida? Há culpa nele, mas Deus perdoa a culpa e pronto! "A culpa se foi" e tudo fica bem novamente?

Não, não é assim! O perdão é, sim, necessário e tem grande peso, mas não é suficiente! Porque, além de toda culpa, o pecado destruiu algo que deve ser curado. Além do mais, um pedaço do mundo *ao redor* foi distorcido. As pessoas ficaram desapontadas e feridas, a confiança sofreu violação, seguiu-se um desastre que não pode ser simplesmente remediado com o mero perdão. Em outras palavras, *todo pecado tem consequências*. Cada passo em falso deixa uma marca no mundo, cada crime estraga algo na boa criação de Deus. O que há de terrível no pecado é que ele não afeta apenas nossa alma, ele fica gravado no mundo.

Hoje temos uma visão muito mais clara dessas coisas do que as gerações anteriores. Pois estamos experimentando no próprio corpo a rapidez incrível com que podemos afetar os lençóis freáticos, sujar os oceanos com plástico, poluir o ar nas cidades, contaminar terras agrícolas e causar o derretimento do gelo polar. Esta experiência básica atual abre os olhos das pessoas para os potenciais de desastre no mundo, que atingem não apenas o ar e a água, mas dimensões mais profundas. Há também uma poluição do mundo interior, um acúmulo de potenciais de ódio, há uma destruição da compaixão, da vontade humana e até mesmo do pensamento. Como resultado de inúmeros pecados individuais, existem esferas de desgraça que não podem ser eliminadas pelo mero perdão.

Com muitas imagens, a Sagrada Escritura diz que Jesus desceu às profundezas dessa desgraça em sua morte e desse modo transformou-a e curou-a. Pela morte daquele que era completamente sem pecado e completamente santo, mas que experimentou e aceitou por completo as consequências da culpa humana, uma nova criação curada e purificada veio a existir, uma criação da qual recebemos uma parte se crermos nele e o seguirmos.

Sr. Westerkamp, isso me leva ao tema da ressurreição de Jesus, que deveria ser o foco desta morte. A morte e a ressurreição de Jesus estão intimamente relacionadas, sendo absolutamente impossível separá-las. Jesus nunca esteve mais próximo de seu Pai celestial do que no momento de sua perda final de poder e, mesmo em sua ressurreição, ele segue sendo o trespassado, mostrando a seus discípulos as marcas dos pregos e a ferida em seu lado (Jo 20,24-29). No entanto, são feridas "transfiguradas". Como feridas "transfiguradas", elas revelam que, no Jesus ressuscitado, está presente para sempre toda a sua história, tudo o que ele fez e sofreu, mas de forma resumida, transformada, glorificada e elevada à vida eterna.

Quando falamos sobre a ressurreição de Jesus hoje, ressaltamos principalmente o túmulo vazio e as aparições do ressuscitado. Por exemplo, há uma discussão interminável sobre o curso dos eventos da Páscoa. As mulheres realmente foram ao túmulo e o encontraram vazio ou essa narrativa é uma lenda de fé? As aparições da Páscoa ocorreram na Galileia, em Jerusalém ou em ambas? O Ressuscitado realmente apareceu para seus discípulos ou tratava-se de alucinações de seus seguidores amargamente desapontados com a execução de seu mestre? Muitas publicações sobre a ressurreição de Jesus estão abarrotadas com tais discussões.

Não estou dizendo que esse questionamento é inútil. A fé cristã nunca vê a razão como sua inimiga; e a razão crítica também deve penetrar e iluminar a ressurreição de Jesus por todos os lados. No entanto, eu me pergunto se tais debates podem ser usados para aproximar a ressurreição de Jesus de um incrédulo ou de uma pessoa que ainda não crê. Tenho minhas dúvidas sobre isso.

Quem não crê em Deus, nem, portanto, na criação do mundo, só pode rejeitar a ressurreição dos mortos. O que se entende por ressurreição é completamente estranho para tal pessoa. Na melhor das hipóteses, ela acredita no constante vir-a-ser e perecer do eterno ciclo da natureza e se apega ao consolo questionável de que "algo" do ser humano permanecerá – impulsos, vibrações, moléculas em busca de novos lugares. Como eu li recentemente num desses folhetos esotéricos tolos: "Todos nos tornamos poeira estelar, um pensamento no universo, campos de energia, um grão de areia na cauda de um cometa. Mas, como sempre, viveremos de muitas formas." Tais sentimentalismos nada têm a ver com a crença cristã na ressurreição.

Inversamente, quem crê em Deus, no Deus todo-poderoso que tudo criou e cuja criação continua porque ele constantemente chama o mundo à existência a partir do nada, não tem dificuldade em crer na cura e perfeição da criação, em sua elevação a Deus, em sua libertação final, ou seja, em sua ressurreição. Para tal pessoa, ao final o mundo não pode revertê-lo ao nada insubstancial.

Então, para que então criar o cosmos? Para que a incrível evolução biológica que começou com algum tipo de alga azul-esverdeada e levou ao ser humano? Seria para que essa pessoa, toda a sua cultura, tudo pelo que trabalhou e criou sejam finalmente extintos? Eu acharia tal suposição completamente irracional, até mesmo absurda. Ou há Deus e também há ressurreição, ou Deus não existe e de antemão toda conversa sobre ressurreição é sem sentido e um desperdício de energia.

Agora eu já pulei para a ressurreição *geral* dos mortos, mas preciso falar antes de tudo sobre a ressurreição de Jesus. O que ela quer dizer? O que ela é?

1. Ao ressuscitar Jesus dentre os mortos, Deus mostra que está do lado de Jesus executado. A suprema autoridade religiosa de Israel, o Sinédrio de Jerusalém, havia condenado Jesus como um enganador do povo, um falso messias e um blasfemador. E o Sinédrio entregara Jesus aos romanos como o pretenso "rei". O prefeito romano Pôncio Pilatos mandou

executá-lo como rebelde e como agressor do poder soberano romano. Jesus foi pregado na cruz, aparentemente abandonado por Deus. Ele precisou ser considerado amaldiçoado por Deus até mesmo por judeus piedosos que anteriormente o valorizavam e honravam (Dt 21,23).

Ao ressuscitar Jesus dos mortos, Deus mostra que não eram as autoridades religiosas judaicas e o poder ocupante romano que estavam certos, mas Jesus. Com o evento da Páscoa, restitui-se a justiça a Jesus, e não apenas para ele que foi injustamente condenado, mas também para sua proclamação da soberania de Deus, para suas proezas em favor dos desamparados e perdidos, bem como para tudo que ele fez. A ressurreição de Jesus mostra que ele é realmente o Messias de Israel, ele é realmente o "Filho", ele é realmente o Salvador e Redentor do mundo.

2. Os discípulos experienciaram a convivência com Jesus como a presença definitiva de Deus no mundo. Quem o ouvia estava ouvindo a Deus. Quem o via estava vendo a Deus. A Igreja então resumiu esta experiência básica das primeiras testemunhas no dogma: "Jesus é verdadeiro Deus e verdadeiro homem". Se é dito que Deus, o Pai, ressuscitou Jesus dentre os mortos, isso significa que a humanidade de Jesus, o que constitui a sua humanidade, sua vida, sua história, seu sofrimento, sua devoção e também sua felicidade e suas alegrias, tudo isso é elevado a Deus e consumado em Deus.

Mas tal evento vai muito além de Jesus. Pois o Novo Testamento já demonstra que Jesus não deve ser visto apenas como uma figura solitária, um indivíduo isolado. Ao contrário, Jesus representa todas as pessoas. Nele se mostra o que significa ser humano. Jesus é o "ser humano" por excelência. Se isso é verdade, com a ressurreição de Jesus o ser humano e a condição humana receberam uma dignidade sem precedentes. Com Jesus, protótipo da humanidade, o *ser humano em geral* é elevado a Deus no céu. Desse modo, torna-se definitivamente verdadeiro o que o Salmo 8 dissera com assustadora ousadia: "Quando vejo teus céus, obra de teus dedos, a lua e as estrelas que fixaste, quem é o homem, para que nele penses, e o filho do homem, para que dele te ocupes? Quase um deus o fizeste: tu o coroas de glória e de esplendor" (Sl 8,4-6).

3. Todo o Novo Testamento está convencido de que Jesus é primícias dos que dormem (1Cor 15,20), o "primogênito dentre os mortos" (Cl 1,18), "o primeiro a ressuscitar dentre os mortos" (At 26,23). O que se quer dizer com essas formulações é que a ressurreição geral dos mortos (no fim do mundo) já começou com a ressurreição de Jesus. O fim do mundo já se projeta no meio da história e isso dá à Páscoa um peso extraordinário. O dia da Páscoa, a ressurreição de Jesus, diz respeito a todos nós, de modo que a transformação final do mundo começa com o dia da Páscoa. O cosmos já atingiu sua meta no Jesus ressuscitado e Jesus deixa claro o que deve acontecer a todos aqueles que creem. O Ressuscitado já é criação completa, curada e restaurada.

Caro sr. Westerkamp, você deve ter notado que o conteúdo desta carta foi uma tentativa de pensar sobre a ressurreição de Jesus do ponto de vista da criação. Isso me ajudou muitas vezes a acreditar com mais facilidade e firmeza em Jesus, em sua ressurreição e na ressurreição de todos os mortos. Quando abro bem os olhos, vejo o esplendor do mundo: o sol e as estrelas, o dia e a noite, as flores e os animais e sobretudo os rostos alegres ou tristes das crianças. Então digo a mim mesmo que isso tudo não pode ser em vão. Deve ter um objetivo, não pode ser feito para nada e nem apenas para um eterno vir-a-ser e perecer; deve ser consumado em Deus, que criou e quis tudo isso. E então olho para Jesus de novo e sua ressurreição dentre os mortos torna-se o começo de uma grande e indestrutível alegria pascal. Com isso em mente, mando cumprimentos cordiais para você, sua esposa e, como sempre, para a querida Hannah.

23ª Carta

Aparições do Ressuscitado

Prezado Sr. Westerkamp,

    Você não concorda que eu simplesmente tenha omitido as questões históricas sobre a ressurreição de Jesus. Você tem problemas justamente com as aparições do Senhor ressuscitado e está certo quando se queixa. Se você visitar uma das muitas feiras de esoterismo europeias hoje, encontrará uma infinidade de fenômenos altamente questionáveis, quando não absolutamente ridículos. Por exemplo, há uma imensa quantidade de anúncios de "contatos com o Além", de "realização de desejos", de "contato com anjos e com animais de estimação mortos", de repente, até nos deparamos com um "novo dispositivo físico que torna sua aura visível". Por ali fervilham "mestres da espiritualidade", mulheres sábias e principalmente muitos visitantes que estão francamente ansiosos por esse tipo de coisa.

    Com razão, você se mostra bastante cético em relação a esse engano coletivo. Não deveríamos ter o mesmo ceticismo frente aos seguidores de Jesus que afirmam ter visto seu mestre ressuscitado? Como você indaga, o ser humano não teria uma tendência profunda a sonhos sucedâneos da realidade, especialmente tendo acabado de experimentar a mais profunda frustração de todas as suas esperanças?

Mas, de saída, eu já gostaria de apontar uma primeira diferença: nas feiras esotéricas europeias, as pessoas fazem negócios, grandes negócios. O dinheiro flui. Os discípulos de Jesus não fizeram negócios com a mensagem da ressurreição de Jesus; eles foram escarnecidos (At 17,32), perseguidos (At 8,1) e alguns deles morreram como mártires (At 12,2).

No entanto, o seguinte pensamento me parece ainda mais importante: nos séculos I e II, houve vários movimentos messiânicos, cada um dos quais procedendo de um líder carismático. A morte violenta do líder sempre significava o fim completo do movimento em questão, ele deixa de existir, desaparece por completo. Um exemplo é o movimento de Simon Bar Kochba, o "filho das estrelas", que alegava ser o Messias, que pereceu e praticamente é uma história esquecida. A Igreja, no entanto, ainda existe.

No caso de Jesus, historicamente deve-se registrar que suas aparições ocorreram em lugares diferentes e na frente de pessoas muito diferentes. Paulo lista em 1 Coríntios 15,5–8: Pedro, os Doze, mais de 500 irmãos (provavelmente a comunidade de Jerusalém), Tiago, todos os apóstolos e no final cita a si mesmo. Também teria havido manifestações do Ressuscitado na Galileia, o lar de Jesus, bem como na capital Jerusalém. Não se pode dizer ao certo se as pessoas presentes durante essas aparições tinham algum vínculo entre si.

Deve-se notar também que Jesus apareceu a Saulo, que perseguia os cristãos, antes de chegar a Damasco. Uma aparição que ele próprio relata (Gl 1,13-17; 1Cor 15,8) e que o tornou Paulo. No caso de Saulo, não se pode falar de decepção e esperanças despedaçadas, pois ele estava a caminho de prender os seguidores de Jesus na Síria (At 9,1-3). Se alguém quisesse explicar as aparições de Jesus sob o prisma *puramen-*

te psicológico, no caso de Paulo deveria trabalhar com um padrão de explicação completamente diferente.

Mas os padrões explicativos *puramente* psicológicos não são adequados para elucidar as aparições da Páscoa. Se eu parto da ideia de que o mundo não pode ser entendido sem Deus e também que Deus se comunica no mundo (sem romper, nem mesmo destruir as estruturas de sua criação), então a importância das aparições do ressuscitado são óbvias e o caráter tremendo do evento de Páscoa abre o caminho. Por outro lado, se não creio em Deus, se vejo o mundo como uma estrutura sem significado e objetivo, se o vejo apenas como matéria sem espírito controlado mecanicamente, então sou absolutamente forçado a rejeitar as aparições pascais de Jesus e terei sempre à mão construções psicológicas.

Caro sr. Westerkamp, acho totalmente certo que você faça perguntas críticas sobre um fenômeno como as aparições da Páscoa. No entanto, eu queria deixar claro que tais consultas sempre contêm decisões preliminares que geralmente são imperceptíveis e direcionam todo o argumento numa determinada conclusão. Admito que há também decisões preliminares na fé cristã e na teologia. Por exemplo, a decisão preliminar de que os humanos são mais do que um conglomerado de moléculas; de que são mais do que uma máquina controlada por neurônios; de que não são apenas corpo, mas também alma e espírito; de que, acima de tudo, a vida deles tem um sentido último que só pode ser Deus.

Eu vivo dessas decisões preliminares, e tudo o que experimento me confirma constantemente que elas estão corretas. Cordiais cumprimentos do Sul, onde uma poderosa tempestade começa a se formar. O calor aqui é quase insuportável.

24ª carta

A presença de Jesus no Espírito Santo

Cara Sra. Westerkamp,

Em sua carta você dá a entender que tem pouco interesse em debates históricos sobre a ressurreição de Jesus. Escreve que seu marido é capaz de ficar "obcecado" por tais discussões. Você prefere saber como é a fé em termos concretos, como rezamos ou o que fazer quando ficamos irritados com a missa dominical, por exemplo. Além disso, ainda haveria todas as questões sobre Hannah, você pergunta: "Devemos fazer atividades cristãs com ela, como ler a Bíblia ou rezar juntos?". E escreve no final de sua carta: "O muro que se ergueu entre mim e meu irmão continua me incomodando. Tentei falar com ele sobre a Igreja pelo telefone, e ele me respondeu que não queria saber de religião".

Sra. Westerkamp, vou falar algo sobre seu irmão Hans e depois sobre Hannah. Contudo, seu marido e a divergência de interesses entre vocês dois são mais prementes. Acho que consigo entender bem seu ponto de vista, mas você também deve entender seu marido. A fé abarca duas coisas: questões lancinantes, que voltam incessantemente; e o *fazer* correto, que avança firmemente e pleno de confiança no caminho pelo qual Deus quer nos conduzir. Este deixar-se-guiar-por-Deus não é um tatear cego, é uma atitude de olhar para as coisas, para as pessoas e também para todos os eventos que nos oprimem, com atenção silenciosa, perguntando o que isso tudo pode significar.

É nesse contexto que o Novo Testamento e a tradição cristã falam do Espírito Santo que nos guia. Ele nos faz conhecer a verdade, mostra-nos a vontade de Deus e, acima de tudo, ajuda-nos a conhecer as pessoas ao nosso redor da maneira certa. Admito, porém, que quando usamos a palavra "espírito", cada um de nós pensa em algo diferente.

Alguns pensam no gênio da garrafa, outros em espíritos e fantasmas, outros ainda em fantasias e devaneios, a maioria pensa em razão e intelecto, muitos em espiritualidade. Antes de falar do Espírito de Deus, ou Espírito Santo, convido-a a refletir comigo sobre as experiências que cada um de nós já teve.

Quase todo mundo já voou em avião lotado e sofreu com o aperto. Uma aflição que começa antes mesmo da decolagem. Ficar em pé no corredor do avião é exaustivo e é preciso esperar para chegar a seu assento e guardar sua bagagem de mão. E então, quando você finalmente se senta em sua cadeira e afivela o cinto, tem um vizinho à esquerda e outro à direita. Você fica naquele pequeno espaço, não pode virar a página do jornal direito, nem falar com as duas pessoas sentadas ao seu lado porque obviamente elas não querem conversar. O resultado é que você está sentado extremamente próximo de outras pessoas e ainda assim a distância entre vocês não poderia ser maior.

Essa situação é frequente. É assim no caixa do supermercado, no cinema lotado, no metrô, ou seja, a proximidade espacial nada significa. Você pode estar espacialmente muito próximo de outra pessoa e ainda estar a mundos de distância dela, não há conexão. Você até preferiria ter seus vizinhos um pouco mais distantes.

Mas também pode ser o contrário. Consideremos duas pessoas que se amam, mas estão separadas por certo período de tempo e talvez milhares de quilômetros, sem poder dar um telefonema ou enviar e-mails porque estão sem acesso a essas tecnologias. Contudo, apesar da distância, estão próximas porque pensam uma na outra, perguntam-se sobre o que a outra está fazendo em certo momento. Uma vê a outra diante de si, compartilha sentimentos, elas escrevem o que querem dizer uma para a outra quando voltarem a estar juntas, ou seja, conversam entre si por meio do espírito. O exemplo mostra que podemos estar distantes fisicamente e ainda assim estar próximos uns dos outros. Apesar de toda a distância espacial, ainda podemos, *em espírito*, estar ao lado da pessoa querida.

Todo mundo conhece exemplos semelhantes de grande proximidade espacial e ainda assim uma distância intransponível, e de distância espacial com grande proximidade. O que cria essa proximidade? O que cria essa conexão profunda que não é mensurável fisicamente, que não consiste em nenhuma onda ou vibração e ainda assim é tão real que todos podem sentir? O que supera as distâncias? O conhecimento sobre o "espírito" do homem também não se baseia em tais experiências?

Apresento outro exemplo. Como escreveu numa de suas cartas, você é secretária e já trabalhou em várias empresas. Você vai concordar comigo sobre haver locais de trabalho dos quais queremos distância porque ali sempre há tensões, brigas, injustiças e boatos deliberadamente espalhados. E há locais de trabalho nos quais as coisas são diferentes, não há espírito pernicioso, mas espírito bom.

Acho que devemos usar essas experiências para alcançar uma ideia remota de como é isso em relação ao Espírito Santo. Ele é o "entre" que une os crentes; supera as distâncias; faz com que nos aproximemos uns dos outros mesmo que cada um queira seguir numa direção diferente; possibilita nossa proximidade, embora cada um tenha a própria história. Ele nos faz uma unidade.

Ele faz da Igreja o povo internacional de Deus. Faz das igrejas cristãs a "presença" de Cristo porque Ele é o Espírito de Jesus Cristo. Nós, que somos tão incrivelmente diferentes uns dos outros e que por natureza temos pouco em comum, somos conduzidos à unidade pelo Espírito Santo. Ele continua a obra de Cristo, pois nos fala hoje por meio dele Cristo. Ele renova a face da terra, pois é também o Espírito Criador de Deus conduzindo o mundo ao seu objetivo.

Sim, ele é invisível, mas podemos reconhecê-lo por seus efeitos. Paulo chama esses efeitos de "frutos do Espírito". Em sua carta às igrejas da Galácia, ele lista os frutos do Espírito: amor, alegria, paz, paciência, bondade, benevolência, fé, doçura e domínio de si (Gl 5,22s.).

Cara Sra. Westerkamp, vou escolher apenas uma palavra desta lista: "bondade". E já ouço sua pergunta: a bondade tem algo a ver com o Espírito Santo? Eu digo: evidentemente! Claro que o que se quer dizer não é a bondade puramente superficial, que é apenas uma fachada voltada para o reconhecimento social, um sorriso que pode ser ligado ou desligado conforme a necessidade.

Estou me referindo aqui àquela bondade que vem do fundo do coração, que deseja o bem do outro mesmo sem entendê-lo, uma bondade que é benevolente e cheia de afeto porque o outro também é criado por Deus e porque eu posso oferecer a ele algo da bondade de Deus. Trata-se aqui da bondade capaz de perdoar; de consolar; que ajuda quando a ajuda é necessária; que reserva um tempo para o outro; que se sente feliz com a existência do outro. Essa bondade vem do Espírito Santo. É mais do que um humanismo geral e vago porque reflete a "benignidade de Deus e seu amor pelos seres humanos" (Tt 3,4).

No dia de Pentecostes, o introito, ou seja, o versículo de abertura para a missa, começa com a frase: "O Espírito do Senhor enche a terra". Essa frase vem do Livro da Sabedoria (Sb 1,7) e logo antes dela podemos ler nesse livro do Antigo Testamento: "A Sabedoria* é um espírito benévolo". Portanto, esse espírito benévolo do Senhor enche o mundo e podemos experimentá-lo por meio da amabilidade que mostramos uns aos outros. Quem olha para o outro com bondade e só lhe deseja coisas boas já prova que o Espírito Santo existe e que o Espírito de Deus está transformando o mundo.

Ao falar sobre o Espírito Santo, há outra coisa que é muito importante. Nos Atos dos Apóstolos, o evangelista Lucas conta como o Espírito Santo desceu sobre os discípulos de Jesus no dia de Pentecostes, ele descreve isso muito claramente (At 2,1-4), mas, antes disso, descreve outra coisa. Ele diz que a jovem comunidade já havia se reunido várias vezes para uma oração em comum e implorou a Deus, esperou em oração, manteve-se rezando e esperando até que o dia de Pentecostes finalmente chegou (At 1,12-14).

Por que isso era tão importante para Lucas? Por que o dia de Pentecostes é precedido por nove dias de oração? Por que a Igreja de Jerusalém e todos nós devemos rogar ao Espírito Santo? A resposta: simplesmente porque o Espírito de Deus é a liberdade suprema. Portanto, ele só pode vir para aqueles que anseiam por ele em liberdade. E a liberdade de realmente ansiarmos por ele e podermos nos abrir completamente para ele é alcançada na oração.

Ditadores podem impor seu espírito maligno à multidão trabalhando com intimidação, violência, opressão, coerção e terror. Até os ditadores querem unidade, mas é uma unidade falsa, até mesmo perversa, e só pode ser alcançada por meio da manipulação e da opressão. Por outro lado, o Espírito Santo é puro amor, e o verdadeiro amor sempre quer a liberdade do outro. É por isso que o Espírito Santo vem em silêncio, docemente, sem fazer alarde, ansioso por nosso amor. E só vem quando os fiéis o acolhem livremente, pois ele mesmo é a liberdade absoluta que não conhece compulsão nem coerção.

Cara Sra. Westerkamp, apenas tente pedir ao Espírito Santo que venha e encha seu coração. Talvez você tenha um pressentimento e então sinta algo dele. Ou pode ser que, de repente, você perceba as respostas exatas em sua vida para as perguntas que a preocupam.

Por exemplo, para a pergunta sobre o que fazer com Hannah em questões de fé. Observe sua filha, tente descobrir do que ela necessita e proceda com delicadeza. Se você sentir que Hannah está aberta para uma oração em comum, e dependendo da situação de sua família, considere começar por uma oração à mesa. Você encontrará exemplos disso em livros católico de orações e canções (hinários).

Quanto ao seu irmão, estou convencido de que ele é o tipo de irmão que todo mundo deseja ter, por ser honesto no que sente e diz, confiável e fiel quando sua ajuda é necessária. Assim, ele segue *seu* caminho e é amado por Deus. A experiência que ele teve não é a mesma que você e seu marido tiveram. Por essa razão, você e seu marido, sigam *o próprio* caminho. Você não precisa se defender frente a seu irmão e certamente não precisa tentar convencê-lo. Simplesmente trilhe o caminho do *seu* chamado e, ao fazer isso, faça-o como se estivesse no lugar de seu irmão. Não sabemos o que vai resultar disso. Você pode ficar plenamente calma e feliz. Felicidades para você, seu marido e Hannah.

25ª carta

O mistério do Deus trino

Caro Sr. Westerkamp,

Eu estava com um pouco de medo em relação à carta de hoje. Até agora, eu havia falado muito sobre Deus, o Criador, em minhas cartas. Da mesma forma como falei de Jesus Cristo em algumas delas e do Espírito Santo na minha última carta. Isso inevitavelmente levanta a questão: como Pai, Filho e Espírito se inter-relacionam? Encontrar as palavras certas para falar sobre isso é difícil, daí minha hesitação diante desta carta.

Vou começar logo pela dificuldade principal. Quando falamos de Deus Pai, Deus Filho e Deus Espírito Santo, não há um grande perigo de que esses três pareçam ser três deuses? Como dizer plausivelmente a um fiel judeu ou um muçulmano devoto que não se trata disso? Daí a pergunta: o que realmente significa o discurso cristão sobre *um* Deus em *três* pessoas?

Em nossa situação atual, é mais do que nunca necessário esclarecer essa questão, porque o Islã está se espalhando com uma força que ninguém imaginaria ser possível na primeira metade do século XX. Desde muito, há uma explícita propaganda missionária em favor do Islã, especialmente na África e também na Europa e nos EUA. Um dos temas presentes nela é que os cristãos não seguem seus livros sagrados, que eles caíram no politeísmo e, portanto, na idolatria, que eles adoram três deuses.

Essa acusação foi central para o Islã desde o início. É verdade, Maomé inicialmente lutou contra o politeísmo* árabe, mas logo depois também contra a crença cristã no Deus trino. A famosa Sura* 112 no Alcorão diz:

> Em nome de Alá,
> O clemente, e misericordioso!
> Dize: Ele é Alá, o Único!
> Alá! O Absoluto!
> Jamais gerou ou foi gerado!
> E ninguém é comparável a ele!

Isso vai contra a doutrina cristã da Trindade*. Essa Sura diz que Deus não gerou, o que é um ataque ao credo cristológico* que diz a respeito de Jesus: "Gerado, não criado". A Sura 4:48 declara expressamente que esse tipo de politeísmo é um pecado imperdoável: "Alá jamais perdoará a quem lhe atribuir parceiros; porém, fora disso perdoa a quem Lhe apraz. Quem atribuir parceiros a Deus cometerá um pecado ignominioso".

Isso também deve afetar os cristãos em particular. Eles sofrem ameaça sob a afirmação de que há apenas um pecado que Alá nunca perdoará. Todos os outros pecados, se lhe aprouver, ele pode perdoar em sua misericórdia, mas ele não pode de maneira alguma deixar passar o pecado que põe outros parceiros ao lado do Deus único.

Portanto, qualquer muçulmano que leva a sério a própria tradição nunca deve esquecer que os cristãos são idólatras a quem Deus nunca pode perdoar. O futuro deles é o *dschahannam*, o inferno.

Mas os cristãos não adoram três deuses! Eles expressamente professam crer em *um* Deus, o Deus de Abraão, Isaac e Jacó. A adoração do Deus trino não significa que existam três deuses, mas que toda honra, toda adoração, todo louvor pertence a Deus Pai. Ao mesmo tempo, no entanto, a adoração do Deus trino significa que o Pai é conhecido e glorificado somente por meio do Filho e do Espírito Santo. Como esse tipo de adoração a Deus surgiu no solo de Israel, isto é, no solo da mais radical crença em um só Deus?

Primeiramente, houve a experiência de Israel do Deus único, que tira seu povo do Egito, viaja com ele pelo deserto guiando-o, salvando-o, perdoando sua culpa, próximo a seu povo. Ele não é um Deus ausente, frio, distante; é um Deus próximo e salvador que vem em socorro de seu povo. Israel chama esse Deus de "Pai".

Esta experiência básica de proximidade, que Israel sempre teve com seu Deus, assume uma nova dimensão em Jesus. Nele, Deus se fez definitivamente presente no meio de seu povo. Os discípulos de Jesus não poderiam formular isso de maneira diversa. Eles precisaram dizer que Jesus é a Palavra definitiva de Deus. Deus se comunicou completamente nele; nele Deus disse tudo para sempre e também nele agiu definitivamente. Resumindo: quem vê Jesus vê o Pai (Jo 14,9). E porque ele é inteiramente a imagem, o reflexo do Pai, eles disseram: Ele é o "Filho" (Mt 11,25-27). Isso não significa que ele é um "segundo" Deus, mas que ele é a presença definitiva do Pai, ou seja, da eterna "Palavra" do Pai no mundo. É por isso que a partir dessas vivências o povo de Deus não poderia mais ignorá-lo na oração. Depois disso, toda oração ao Deus de Israel ocorre "com ele" e "em seu nome" (Jo 14,13s.).

No dia de Pentecostes, tudo isso é aprofundado por uma terceira experiência fundamental: Jesus – aparentemente – não existe mais, seus discípulos não podem mais vê-lo, ninguém mais pode ouvi-lo. No entanto, ele não foi tirado de seus discípulos e está no meio deles (Mt 18,20). Está junto deles quando se reúnem e ainda mais perto do que jamais esteve antes. Está com eles por meio de seu Espírito e essa é a experiência fundamental da Páscoa e de Pentecostes*, além de ser a experiência fundamental da Igreja em geral, pois Jesus está presente no Espírito Santo e, com Jesus, o próprio Pai se faz presente.

Portanto, se a Igreja simplesmente já não fala de Deus de maneira indiferenciada, mas do "Pai", "Filho" e "Espírito", isso não é uma construção posterior, tampouco é uma ideologia oposta à crença monoteísta de Israel. Historicamente, isso também seria completamente improvável, pois as experiências descritas aconteceram no meio de Israel, ou seja, na área do monoteísmo* mais estrito que se possa imaginar.

Aqueles que formularam a crença no Deus trino não eram cristãos procedentes dos gentios, mas cristãos judeus que estavam firmemente enraizados na fé de Israel; basta pensar em Paulo. E aqueles teólogos – que nos séculos seguintes aprofundaram o mistério do Deus trino para protegê-lo contra mal-entendidos – não pensaram com base na filosofia grega, pois, se o fizessem, teriam de falar daquele "uno primordial" que é a negação de toda multiplicidade. Não, eles não pensavam com base na especulação helenística sobre Deus, mas no Novo Testamento.

A crença no Pai, no Filho e no Espírito é, portanto, apoiada na experiência histórica na qual o próprio Deus se revelou. O Deus *único* tornou-se presente no mundo de uma maneira que trouxe todas as suas presenças anteriores ao seu objetivo e perfeição. Por isso, o Filho e o Espírito não são dois novos deuses, mas a revelação e devoção do único Deus ao mundo no qual ele está plenamente presente na face do Filho e no poder do Espírito. Nada disso tem a ver com politeísmo, mas com o amor inconcebível e transbordante de Deus pelo mundo.

Uma primeira razão para as dificuldades com a doutrina cristã da Trindade, também entre os cristãos, é a distância da história bíblica da salvação. Há, no entanto, uma segunda razão que me interessa ao considerarmos que muitas pessoas não entendem as três "pessoas" em Deus porque não sabem o que "pessoa" realmente significa neste contexto.

Caro Sr. Westerkamp, exponho o que segue porque sei o quanto você tenta examinar e racionalizar tudo o que tem a ver com a fé cristã. Você realmente me desafiou com as aparições da Páscoa. Eu gosto disso em você. Por isso, escrevo o que segue.

O que é uma pessoa? Em nossa compreensão ingênua e popular, concebemos cada adulto como uma realidade completa, autônoma. Essa existência compacta, bem delimitada, também entra em contato com outras existências do mesmo tipo, ou seja, com outras pessoas. Pensando nas três Pessoas divinas dessa maneira, evidentemente temos três deuses que, embora relacionados, são, cada um, antes de tudo uma realidade independente.

Mas mesmo para o *ser humano* como pessoa, a ideia de uma realidade nitidamente delimitada e delimitável é apenas parcialmente correta. Porque, em relação ao ser humano, a questão já se coloca: ele, como pessoa, é verdadeiramente uma realidade tão autônoma, independente, que só existe em si mesma e para si mesma?

Em outras palavras, como nos tornamos uma pessoa madura? (Claro, somos uma pessoa desde que fomos concebidos, mas como nos tornamos uma pessoa *madura*?) Como o grupo de células (biologicamente) inicial se torna a pessoa que encontramos muitos anos depois na *fase adulta*? Ocorre um desenvolvimento extraordinariamente longo e diferenciado, há infinitas coisas acontecendo e é impossível enumerar cada uma delas nesse processo de tornar-se pessoa. A criança deve ser alimentada e educada, seus pais devem sorrir para ela e, o mais importante, devem falar com ela. A criança está constantemente expandindo seu campo de visão, ela cresce cada vez mais num denso campo de relacionamentos, primeiro com seus pais e depois com um número crescente de outras pessoas.

Com a linguagem, que a criança aprende lentamente, o mundo é transmitido a ela. Com a atenção dos pais, desenvolve-se a confiança essencial, um requisito básico para o verdadeiro desenvolvimento humano. A criança entra numa relação cada vez mais intensa com o mundo, assimila cada vez mais o mundo. Vocês vivenciaram tudo isso com Hannah.

Então o que é uma pessoa? Não apenas uma realidade autocontida e autocentrada, mas também a soma de suas relações com outras pessoas e com o mundo. Tudo isso se torna mais visível no amor, no voltar-se para o "tu" diferente, no confiar-se ao outro, no entregar-se. Cada pessoa humana é, portanto, autossuficiente, mas também é "relação" num grau extraordinário. E o é muito mais intensamente do que normalmente imaginamos. Na maioria das vezes pensamos que estamos completamente isolados em nós mesmos, mas isso não é verdade. Basicamente, não existimos sem os relacionamentos que nos tornam quem somos.

Vejamos a contraprova. Apaguemos da história de nossa vida todas as pessoas que já conhecemos e com quem já tivemos alguma relação: mãe, pai, esposa, marido, irmãos, amigos, todos os conhecidos, todos os vizinhos, todos os nossos professores, todas as pessoas com que travamos conhecimento. Além disso, eliminemos todos os livros que já lemos, todos os filmes que vimos, todas as mídias que nos instruíram, todas as coisas que nos encantaram, todas as discussões que tivemos, tudo com que já deparamos no mundo.

O que resta de nós? Quase apenas um torso, um invólucro vazio, um esqueleto. Na verdade, não há mais nada, porque também excluímos os pais que nos geraram. Ser pessoa significa essencialmente ser-em-relação. Sem a teia de relacionamentos em que vivemos no passado e em que ainda vivemos, não seríamos mais quem somos; na verdade, não seríamos.

Pois bem, a teologia diz a respeito do Deus trino: o Pai, o Filho e o Espírito são relações puras. Não são realidades fechadas em si mesmas, mas, na medida em que são pessoas, são tão somente "relação".

O pai é pura autocomunicação e autodoação ao filho. O Filho é um puro sair do Pai e uma pura escuta dele. O Espírito é puro proceder e receber do Pai e do Filho. O Deus único é um "nós" absoluto, que é inimaginável para as pessoas comuns. Do mistério do Deus trino, apreendemos, portanto que o ser-consigo-mesmo não é a coisa última e suprema, mas o ser-para-outro e o provir-do-outro.

Para que fique ainda mais clara essa diferença decisiva no conceito de pessoa na Trindade, peço-lhe, Sr. Westerkamp, que dê uma olhada mais de perto no ser humano. Eu mesmo, meu eu, meu self, *faz* várias coisas: fico de pé, sento-me, ando pela sala, como, vou para a cama à noite. "Eu" faço tudo isso. Mas não sou apenas aquilo que faço. Eu não sou simplesmente a posição em que estou, não sou simplesmente o processo de me alimentar, nem sou simplesmente meu ato de ir para a cama. Sempre resta um centro de atividade que faz ou não determinadas coisas.

No entanto, a teologia diz que essa diferença não existe nas três pessoas divinas. Deus Pai não é primeiramente Deus Pai para depois fazer algo como amar. Não, pois as Escrituras dizem: "Deus é amor" (1Jo 4,8). Isso significa que o amor não é algo secundário, que é acrescentado a Deus; mas que Deus nada mais é do que o acontecimento do amor puro. E, da mesma forma, o Filho nada mais é do que puro ouvir, puro receber, puro transmitir o que ouve do Pai (Jo 15,15). E, correspondentemente, o Espírito Santo nada mais é do que a pura recepção e o vínculo de amor entre o Pai e o Filho.

Acho que ficou claro que quando falamos de três pessoas, no caso de Deus, o conceito de pessoa é completamente diferente do que usamos para nós mesmos. Não podemos mais conceber positivamente o ser-pessoa do Pai, do Filho e do Espírito Santo. O mesmo, é claro, se aplica a tudo o que dizemos sobre Deus, pois só podemos falar dele por meio de imagens e comparações nas quais a dessemelhança é infinitamente maior que a semelhança. Mesmo quando falamos de "três" pessoas divinas, devemos deixar claro que o número "três" é um conceito diferente, algo completamente diverso de quando digo "três árvores", "três casas" ou "três pessoas".

E, não obstante, podemos orar ao Pai, ao Filho e ao Espírito Santo. Podemos e devemos ficar na frente de seus rostos e nos dirigir a eles em oração, porque eles são pessoa de um modo bem mais intenso e magnífico do que podemos imaginar que seja uma pessoa.

É claro que não se pode abordar tal mistério de modo puramente conceitual. A única maneira adequada de se aproximar desse Deus único é o louvor e isso se deve ao fato de que o Deus trino quer nos levar para sua comunidade por toda a eternidade e quer que participemos de sua vida eterna, que nada mais é do que amor.

Sr. Westerkamp, esta carta tornou-se muito longa novamente. Não poderia ser diferente. Eu devia isso a você e, claro, a sua esposa. Eu não poderia falar sobre o Deus trino apenas com um palavreado bonito. Talvez tenha ficado claro que é uma calúnia contra a fé cristã dizer que adoramos três deuses. O discurso cristão sobre o Deus *único* em *três* pessoas não é contrário à lógica, mas sim a consequência mais estrita da compreensão sobre o que uma pessoa realmente é, pois toda pessoa humana já é construída a partir de uma "relação".

Você, Sr. Westerkamp, sua esposa e Hannah não vivem lado a lado desvinculados, vivem do amor que os une. Mas as pessoas divinas são pura relação, pura inter-relação, puro amor umas pelas outras e pelo mundo. Trata-se de um mistério maravilhoso. Cordiais saudações!

# 26ª Carta

O ano litúrgico

Cara Sra. Westerkamp,

Aos poucos vou enchendo uma pasta inteira com cartas que imprimi (e provavelmente você também), ou seja, já falamos sobre muitas coisas. Sobre o chamado de Abraão; a libertação de Israel do Egito; a aliança firmada junto ao Sinai; sobre as murmurações do povo de Deus; os profetas; Jesus, sua morte e ressurreição; a descida do Espírito Santo e o mistério do Deus trino que foi revelado historicamente. Tudo isso é essencial para a fé cristã cuja base é, portanto, uma narrativa por trás da qual existe uma história real. A fé cristã é a entrada nessa história.

Quem se torna cristão não aprende inicialmente os conteúdos da fé, não adquire previamente o conhecimento do catecismo*, não se familiariza com dogmas antes de tudo. Sem dúvida, tudo isso é importante, mas, como se trata de uma história real, ela e seus portadores também devem ser narrados em frases precisas e claras. No entanto, a fé cristã é maior e quem chega à fé se deixa *envolver* nesta história que começou com Abraão e terminou com Jesus.

Mas como nos envolvemos nessa história? Como chegamos a ela? Resposta: *celebrando-a*. Vou tentar explicar com mais detalhes essa resposta que inicialmente parece intrigante. Imagine que você está casada com seu marido há 50 anos e agora está comemorando este lindo aniversário. Como seria essa comemoração? Ela certamente incluiria uma refeição solene, a presença de sua filha e parentes. Não faltaria um discurso à mesa e as lembranças viriam à tona. Imagino algumas coisas que diriam: "Você se lembra de como era quando nos conhecemos? Sua timidez?"; "Lembra-se de como todos nós tivemos de esperar na frente do cartório? Teve aquela coisa engraçada com o vestido de noiva! Todos nós rimos!"; "Você ainda se lembra quando Hannah nasceu? Como tivemos de nos adaptar? Foi como uma pequena revolução."; "E você ainda se lembra do orgulho que teve do seu primeiro neto? Você devia ter visto a expressão no seu rosto...".

Essas lembranças não seriam meramente uma repetição dos fatos, mas algo essencial para qualquer celebração verdadeira. Nossa vida não teria raízes se não tivéssemos lembranças e por isso não é à toa que a maioria das pessoas dedica muito tempo e dinheiro a fotos e vídeos. Sua vida e a vida de seus filhos e netos devem ficar registradas.

Tudo isso também está na história de Deus com Israel, porém, nesse caso, é ainda mais fundamental. A história de Deus com seu povo deve ser "lembrada" e também precisa ser "celebrada". É aqui que a recordação atinge toda a sua profundidade, torna-se "memória", isto é, retira do passado o que Deus fez pelo seu povo e faz disso um presente vivo. "Deus quis que seus milagres fossem lembrados", diz o Salmo 111,4.

Quando a comunidade cristã se reúne durante a celebração da Vigília Pascal para "rememorar" a ressurreição de Jesus, ela não olha para trás numa lembrança intensa de coisas remotas. O que realmente ocorre é que o Cristo ressuscitado está no meio dela e os que estão reunidos andam com ele no caminho da morte para a vida.

O chamado "ano litúrgico" também deve ser entendido como "memória" nesse sentido. No ano litúrgico, toda a história de Deus e seu povo, sobretudo a história de Jesus Cristo, é anualmente trazida ao presente. Do início ao fim, o ano litúrgico é uma memória que dá vida ao passado e, ao fazê-lo, dá futuro a ele.

O ano litúrgico não coincide com o ano civil. Podemos ver isso no fato de que não começa em 1º de janeiro, mas no primeiro domingo do Advento. Também nada tem a ver com os inúmeros dias internacionais do ano que a ONU criou: Dia Mundial da Criança, Dia Mundial da Saúde, Dia Mundial do Câncer, Dia Mundial da Justiça Social, Dia do Trabalho, Dia dos Direitos Humanos, Dia do Livro, Dia dos Direitos Humanos, Dia dos Povos Indígenas, Dia da Economia de Energia, Dia Mundial do Refugiado, Dia Mundial das Abelhas, Dia Mundial das Áreas Úmidas e assim por diante. O ano litúrgico cristão nada tem a ver com este tipo de datas de conscientização elaboradas nos escritórios da ONU e que preenchem o ano todo com seus 365 dias.

Também pouco tem a ver com as festas burguesas a que se reduziram as festas cristãs para muitas pessoas: o Natal* como festa familiar com os presentes caríssimos; a Páscoa como festa da primavera com um voo para Maiorca ou Tenerife; Festa da Ascensão* como dia dos pais na Alemanha, quando o consumo de álcool é elevadíssimo.

O ano litúrgico cristão com suas antigas solenidades não vive de ideias, necessidades ou apelos morais. Vive da história passada que é de salvação, de libertação e que também nos inclui: o Natal como o nascimento de Jesus Cristo, nosso salvador e redentor; a Páscoa como o dia da ressurreição de Cristo, o início da eterna alegria pascal também para nós; o Pentecostes como o dia do envio do Espírito, que encheu os seguidores de Jesus com coragem e confiança.

No entanto, o ano da Igreja não consiste apenas nessas solenidades de lembrança e atualização. Em torno delas agrupam-se os tempos sagrados que as preparam como o tempo do Advento antes do Natal, que antecipa o nascimento de Jesus e também sua vinda no final dos tempos. A Páscoa é precedida pelos 40 dias de penitência pascal, durante os quais os cristãos se preparam para a maior e mais antiga festa do ano litúrgico. Desse modo, a festa da Páscoa não é celebrada em apenas *um* dia, mas numa época festiva pascal de 50 dias que termina com a festa de Pentecostes. Há também inúmeras festas de santos que percorrem o ano litúrgico como uma corrente preciosa. Elas também não são construídas artificialmente, são lembranças de uma realidade acontecida, a realidade do sagrado, da presença de mulheres e homens santos na Igreja.

Mesmo com tudo isso dito, ainda não abrangemos o ano litúrgico inteiro. Porque, em meio a esses dias e épocas de festa, o ritmo semanal dos domingos percorre todo o ano da Igreja. O domingo tem suas origens no sábado judaico. E este sábado é uma das instituições mais abençoadas que devemos a Israel. O sábado interrompe o fluxo extenuante da vida e do trabalho, comemora a libertação de Israel da escravidão egípcia e cria um espaço em que Israel se lembra de onde vem e para que vive.

Para os cristãos, o domingo tomou o lugar do sábado como o primeiro dia da semana. Isso se deu porque neste dia, segundo os relatos bíblicos, as mulheres encontraram o sepulcro vazio, e começaram as aparições do Senhor ressuscitado. O domingo é, portanto, "o dia do Senhor", o dia da sua ressurreição, o dia em que a criação se completa. Todos os domingos, nós cristãos celebramos a festa fundamental da nossa fé. De fato, o domingo "substitui" o sábado judaico, mas foi assimilado nessa antiga instituição judaica, pois o domingo também é uma "interrupção". Ele tem a capacidade de interromper nossos maus hábitos, nosso esquecimento constante, nossos contextos de culpa. Dentro de uma semana *uma* semana, o domingo vem nos arrancar da banalidade da vida.

Querida Sra. Westerkamp, fiquei tão feliz quando li em sua última carta dizendo que Hannah voltou a ir à igreja com vocês dois aos domingos! Claro, ela ainda não consegue ter grande compreensão sobre essa celebração. Nem pode realmente apreciar o que o domingo cristão significa. Mas todos nós temos de nos habituar com essas coisas lentamente, sua profundidade se revela para nós pouco a pouco.

Sou grato por vocês irem à igreja todos os domingos, mesmo após a recusa de Hannah, apesar de toda a estranheza que a missa ainda tem para vocês. Com isso, vocês abriram um caminho para sua filha. Com esta gratidão, saúdo a todos cordialmente.

27ª Carta

O que se entende por Igreja

Caro Sr. Westerkamp,

    Enviei-lhes há pouco uma carta sobre o ano litúrgico, o ano da Igreja, mas ainda não escrevi uma carta sobre a própria Igreja. Você descobriu minha falta de lógica e solicitou linhas mais claras sobre isso. Em minha defesa, porém, posso dizer que o ano litúrgico celebra as ações do Pai, do Filho e do Espírito Santo. É por isso que conectei o tópico "ano litúrgico" diretamente ao capítulo sobre o Deus trino. Meu erro foi não fornecer uma justificativa sobre essa sequência específica. Nesse aspecto, você está absolutamente certo, confesso minha culpa com tristeza e prometo que vou melhorar. ☺

    Vamos ao assunto! Por que a Igreja existe? Não seria suficiente que as pessoas boas se reunissem constantemente e defendessem a paz e a justiça no mundo? Elas estão em toda parte, são pessoas diligentes, prestativas, incorruptíveis, honradas e decentes; só precisam fazer algo em comum juntamente com as muitas instituições que surgiram nos séculos XX e XXI, da ONU às inúmeras ONGs (as organizações não governamentais) que estão empenhadas em proteger o meio ambiente, prestam serviços sociais, cuidam dos perseguidos, ajudam nos casos de epidemias, fome e inundações. Elas não oferecem o auxílio de que nosso mundo precisa? Por que, então, necessitamos da Igreja?

Não há dúvida de que existem inúmeras organizações benevolentes fazendo esforços imensos para tornar o mundo um lugar melhor. E também fica claro que muita coisa já mudou para melhor. Para citar apenas um exemplo, a tortura foi o meio usual de estabelecer a verdade em casos criminais na Europa por muitos séculos, hoje não é mais permitida em muitos países ao redor do mundo. Haveria muitos outros exemplos desse tipo. O mundo não estaria mudando lentamente para melhor? O esclarecimento e a libertação do homem não estão avançando inexoravelmente? Isso é o que muitos pensavam e pensam.

A Bíblia, no entanto, é mais sóbria nesta questão. Sim, ela conta com coisas boas no mundo, mas também conta com a força de imposição do mal. Fala de "forças e poderes" (Ef 1,21; 6,12) que são contrários à vontade de Deus e criam escravidão e miséria incessantemente, fala até mesmo de uma força crescente do mal. Se consideramos as guerras e os violentos excessos do século XX, que não pararam de forma alguma, estamos inclinados a concordar com a Bíblia. Toda pessoa que pensa deve admitir que não há apenas mal no mundo, há uma história de infortúnio que é terrível e com meios cada vez mais eficazes. Numa de minhas cartas anteriores, falei sobre como os primeiros capítulos da Bíblia retratam de maneira realista e objetiva essa história calamitosa de violência crescente.

Mas também mencionei que Deus colocou em movimento uma contranarrativa que teve início com Abraão e que seu instrumento é o povo de Deus que deve espalhar bênçãos no mundo. No entanto, também vimos que esse mesmo povo de Deus resistiu à sua tarefa repetidas vezes, que ele murmurou, rebelou-se e se opôs ao chamado. Vimos como até mesmo Jesus, a definitiva presença de Deus no mundo, encontrou incompreensão e oposição. Ele quis reunir o povo de Deus, levá-lo a cumprir sua missão de ser "o sal da terra" (Mt 5,13) e "a luz do mundo" (Mt 5,14) e, no final, foi eliminado. Jesus caiu entre os moinhos de poderes mais fortes do que ele, porém esses poderes não puderam eliminar aquilo para que ele viveu. A Igreja surgiu de sua morte, de sua ressurreição, do Espírito Santo que ele deu.

A Igreja não é uma nova instituição criada por Jesus. Certamente não é uma nova religião fundada e instalada por ele, ela é o povo que Deus reunira no mundo desde Abraão reunido novamente por Jesus, santificado por sua morte e depois enviado ao mundo. A Igreja é a ferramenta de Deus para a salvação do mundo, o instrumento da contranarrativa de Deus em oposição aos poderes da desgraça e do mal.

Isso soa arrogante e quase presunçoso. Contudo, a Igreja não é assim por méritos próprios, mas graças à história de iluminação e reconhecimento de Israel e à vida de entrega de Jesus ao Evangelho, à sua morte *por muitos* e à sua ressurreição. Por si só, a Igreja nada é. Por si mesma, ela é impotente e só pode ser sinal e bênção para o mundo se viver inteiramente da pregação de Jesus e da sua morte salvífica. Talvez tudo isso fique mais claro se eu tentar formular o que a Igreja *não* é. Não é uma associação à qual as pessoas se juntam porque têm os mesmos interesses e procuram atividades religiosas em seu tempo livre. A Igreja também não é uma organização abrangente que cuida de todos os grupos religiosos imagináveis e os representa. Muito menos é uma Igreja "invisível" à qual pertencem em segredo todos aqueles que confiam no Evangelho. Afinal, a Igreja não é uma central para a satisfação de necessidades religiosas, que deve cuidar para que o nascimento, o crescimento, o casamento e a morte sejam exaltados com ritos edificantes.

A Igreja é um povo real. Ela é um povo internacional, visível, definido, reunido por Deus, conduzido à liberdade e santificado por Jesus, que convive no poder do Espírito Santo e cria solidariedade e cooperação. É um povo real que se reúne todos os domingos para confessar sua culpa, relembrar suas origens, louvar a Deus e celebrá-lo por seus feitos. Aliás, podemos perguntar com segurança se a ONU e todas as muitas ONGs em seus esforços humanitários não são geradas e nutridas pelo espírito judaico-cristão mais do que elas supõem. Sr. Westerkamp, não sei até que ponto você já pode ver tudo isso dessa maneira. Pelo menos vocês dois têm uma ideia do que a Igreja deveria ser. Porque na última carta que sua esposa me escreveu, ela fala de um problema que vocês dois enfrentam todos os domingos: acham difícil ir à missa. Na verdade, estão fazendo isso apenas por causa de sua filha.

Seu problema se torna visível quando o culto termina, e vocês saem. Nessa hora, muitos fiéis se reúnem em pequenos grupos na frente da Igreja. Todas as pessoas se conhecem e estão ocupadas consigo mesmas. Ninguém os cumprimenta, ninguém fala com vocês nem os procura com o olhar. Vocês se sentem deslocados e até mesmo como um "corpo estranho". É essa a vivência que vocês têm de "comunidade" eclesial. Sua esposa escreve: "Onde realmente podemos ver o que você descreve em suas cartas?"

Infelizmente, tenho de concordar com vocês. A igreja deve ser experimentada de forma diferente e, nessa situação, só posso pedir-lhes que digam "apesar de tudo". Apenas digam para si mesmos que o importante é o Evangelho que ouvem todos os domingos e a memória da morte e ressurreição de Jesus que é celebrada.

De resto, tenho quase certeza de que vocês terão vivências muito diferentes com a Igreja. As pessoas mais interessantes em minha vida eu as conheci na Igreja e não apenas as mais interessantes, mas aquelas que mais me ajudaram e que foram um conforto para mim. E o mais essencial é encontrei Jesus por meio da Igreja, além de muitas outras pessoas que uniram suas vidas para segui-lo. Eu os saúdo cordialmente, pedindo-lhes, aos três, paciência e fidelidade.

28ª Carta

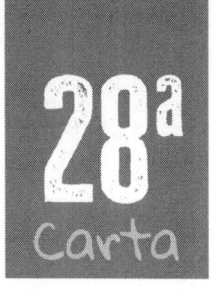

A força dos sacramentos

Caro Sr. Westerkamp,

    Em minha última carta tentei dizer algumas coisas a respeito da Igreja, sobre o que ela é e o que não é. Mais tarde, lembrei-me de uma omissão. Neste contexto, deveria ter citado pelo menos um dos grandes textos do Concílio Vaticano II. No capítulo 2 da Constituição* sobre a Igreja, o Concílio diz:

> Embora esse povo messiânico não abranja de fato todos os homens, e não poucas vezes apareça como um pequeno rebanho, ele é, contudo, para todo o gênero humano o mais firme germe de unidade, de esperança e de salvação. Estabelecido por Cristo como comunhão de vida, de caridade e de verdade, é também por ele assumido como instrumento de redenção universal e enviado a toda a parte como luz do mundo e sal da terra.

    Nesta importante Constituição, os bispos reunidos chamam a Igreja de "uma espécie de sacramento", "isto é, um sinal e instrumento da íntima união com Deus e de todo o gênero humano". Portanto, não há apenas sete sacramentos na Igreja Católica, mas a própria Igreja é uma espécie de "sacramento fundamental". Mas o que é um sacramento? O que se quer dizer com isso?

Vou retomar o que o texto citado diz sobre a Igreja, ele a chama "sinal" de união com Deus. Para entender o que é um sacramento, devemos começar com o conceito de sinal.

Existem muitos tipos de sinais em nosso mundo. Basicamente, estamos cercados por sinais em todos os lugares e o tempo todo. Por exemplo, quando dirijo um carro, vejo um sinal atrás do outro. Quando esqueço de colocar o cinto de segurança, um sinal acústico soa em meu carro, que é um incisivo lembrete de minha negligência. E, se fosse inverno, alguns segundos depois um novo ruído soaria, me avisando que a temperatura externa havia caído abaixo de 4 graus. Nesse caso, devo contar com a possibilidade de gelo na estrada. E assim por diante.

Nem quero falar da grande quantidade de sinais de trânsito que enfeitam o lado direito da estrada um após o outro. Especialmente as milhares de siglas que deveriam facilitar nossa vida, como temos, por exemplo, no Brasil: CF, CTB, SNT, CONTRAN, DENATRAN, PID, RENACH RENAVAM, SINET etc. Em suma, a vida moderna está repleta de sinais, símbolos, pictogramas e abreviações.

Mas há outros sinais em nossas vidas que são muito mais importantes, e também muito mais humanos do que todos os sinais abstratos que pessoas astutas inventaram em algum momento.

Imaginemos a seguinte cena. Estou em algum lugar de um aeroporto enorme, as pessoas estão chegando do exterior após um longo voo e faz uma hora que muitos estão esperando os que chegam porque voo havia atrasado. Há agitação e cenas de saudação a minha esquerda e direita. Bem na minha frente, um homem e uma mulher estão se abraçando, ambos se pressionam um contra o outro como se nunca quisessem se soltar. Vejo lágrimas e, entre os abraços, os dois ficam se olhando como se quisessem ter certeza de que o outro realmente está realmente ali. Não preciso descrever mais detalhes.

Essas saudações e abraços, também pertencem à categoria de sinais. Mas é um tipo de sinal diferente dos sinais de trânsito ou símbolos gráficos, são sinais *pessoais* porque acontecem entre as pessoas. Aqui já nos aproximamos lentamente dos sacramentos, pois há um sinal visível que exprime o invisível. O visível é o abraço, o beijo, o ato de sussurrar algo no ouvido. E o que é o invisível? É o amor entre aqueles que estavam se abraçando no aeroporto, o vínculo entre duas pessoas, sua convivência. Mas esse invisível precisa do visível, ele quer e precisa expressar-se visivelmente. Da mesma forma, o visível também precisa do invisível. Caso contrário, o abraço seria vazio, sem alma e uma exterioridade horrível.

É importante saber que, no reencontro no aeroporto, o amor mútuo e o vínculo invisível entre os dois obviamente já existiam. E o que existia desde muito tempo queria se expressar novamente por meio de uma manifestação corporal. Mas também pode acontecer que o amor mútuo encontre expressão pela primeira vez na primeira ternura, no primeiro beijo, no primeiro abraço. Então não se trata de aprofundamento e renovação de algo que já existia, mas do início de algo.

Sr. Westerkamp, os sociólogos descreveriam tudo o que acabei de descrever como "comunicação". Eles também fariam distinção entre a parte externa e interna de qualquer comunicação e diriam também que a comunicação se dá sempre, sem exceção, por meio de sinais, dos quais, claro, a linguagem faz parte. Finalmente, diriam que os sinais fortalecem e aprofundam a comunicação, mas também podem iniciá-la.

Agora vou um passo além. Os sinais também tiveram um papel decisivo na vida de Jesus. Jesus sempre curou doentes. Mas como ele os curava? Ele os tocava. Colocava as mãos sobre eles. Colocava os dedos nos ouvidos dos surdos. Ele fez uma massa com terra e saliva e colocou nos olhos do cego. E

Jesus não apenas curou os enfermos, ele abraçou e abençoou as crianças, comia com cobradores de impostos e pecadores. Ele lavou os pés de seus discípulos e celebrou a comunhão com eles.

Todos esses sinais implicam profundamente a corporeidade humana e a levam a sério. No caso de Jesus, esses gestos corporais são sempre acompanhados da palavra. A palavra, que é ela mesma um signo, ou seja, um signo *linguístico*, elimina a imprecisão e a ambiguidade dos gestos corporais. Sinal e palavra formam uma unidade com Jesus. Nesse sentido, tudo o que ele faz já tem uma estrutura sacramental básica, ou seja, os sacramentos já estão fundamentalmente estabelecidos em suas ações. Depois da Páscoa, é dado prosseguimento ao que o Jesus terreno havia começado, os sacramentos tornam-se comunicação entre Cristo ressuscitado e os cristãos.

Esse encontro, essa comunicação, acontece no sinal, na ação simbólica e na palavra que acompanha tal ação. Toda pessoa que recebe um sacramento encontra Cristo. Ela é acolhida na vida, morte e ressurreição de Jesus Cristo.

Portanto, provavelmente está claro que dizer que "um sacramento é 'apenas' um sinal ou 'apenas' um símbolo" não somente é ingênuo, mas simplesmente tolo. Para nós, neste mundo, o verdadeiro encontro e a verdadeira união só podem acontecer por meio dos sinais. (E ressalto mais uma vez que a linguagem sempre faz parte dessa estrutura de sinais.) Vamos imaginar um casamento em que os cônjuges não se falam mais, em que não trocam uma palavra sequer durante dias, nem olhares cordiais e compreensivos, uma relação sem ternura, sem toques, sem beijos, sem abraços – esse casamento terminará em breve, ou melhor, já terminou há muito tempo. Os sinais são essenciais para os seres humanos. Sem eles não podemos existir pois abrem a comunicação sempre criando encontros.

Os sacramentos pertencem a este mundo de sinais que tudo permeia. Eles são, portanto, algo profundamente humano e imprescindível, possibilitam o encontro entre o Cristo ressuscitado e os crentes, preenchem a lacuna entre o visível e o invisível, entre o tempo e a eternidade.

Neste ponto, sou eu que faço uma objeção. Um sacramento é encontro real, união com Deus por meio do Ressuscitado. Então, como pode o homem presumir tal encontro, tal união com o Ressuscitado? Na cena do aeroporto, as *pessoas* se aproximavam em pé de igualdade, por assim dizer. Cada uma trouxe seu amor, era doadora e receptora em igual medida.

Mas podemos dizer isso também em relação ao nosso encontro com Cristo no sacramento? Somos pares nessa situação? Não somos nós única e exclusivamente receptores? Podemos pensar neste encontro em termos dos encontros que são habituais entre as pessoas? Não estamos deixando de ver algo fundamental?

Considero esta objeção justificada, até mesmo necessária. Ela pode nos ajudar a esclarecer o que foi dito até o momento. Em um encontro humano como o que descrevi, qualquer um pode tomar a iniciativa e abraçar o outro com cordialidade. Com um sacramento é diferente, não podemos tomar a iniciativa, não podemos dizer: "Agora quero encontrar Cristo". O ser humano não pode organizar o encontro com Cristo, nem o realizar, nem o suscitar, muito menos forçá-lo. Esse encontro é sempre oferecido e dado a ele. Como podemos alcançar sozinhos a realidade do Senhor ressuscitado, considerando que ele está sempre e em toda parte perto de nós?

Portanto, ele mesmo deve tomar a iniciativa e iniciar o encontro. Os sacramentos são dons, dons do Senhor ressuscitado para nós, e é por isso que todo sacramento precisa de um doador. Não posso administrar o batismo ou a confirmação a mim mesmo. Certamente não posso me absolver dos meus pecados. Devo me dirigir ao sacerdote* e ser liberto da minha culpa no sacramento, o sacerdote então se coloca no lugar de Cristo e isso deixa claro que o sacramento da reconciliação com Deus é (como todos os sacramentos) um dom. Eu não posso estabelecê-lo sozinho.

Eu também não poderia instituí-lo. Os sacramentos foram instituídos por Cristo. Também aqui fica claro que não podemos criar um encontro com o Ressuscitado, não somos *nós* que abrimos o processo de comunicação. Nós não podemos abrir a porta para o mundo do Senhor ressuscitado sozinhos.

No entanto, não devemos imaginar a instituição dos sacramentos por Cristo como se ele instituísse cada sacramento individualmente em um ato jurídico, por assim dizer. Jesus certamente não fez isso; nem era necessário. O que ele pôs em movimento foi a Igreja como o Israel escatológico novamente reunido. Esta Igreja é em si uma realidade sacramental, ela própria é um sacramento e todos os sacramentos nada mais são do que o cumprimento da essência da Igreja. Direi algo mais sobre isso nas cartas sobre os sacramentos individuais.

Esta carta tornou-se muito longa novamente. Por que os professores não conseguem ser breves? Tenho de terminar, mas antes quero expressar minha alegria por vocês terem descoberto amigos entre os fiéis, o casal Plettenberg com os filhos Johannes e Kristina. A tarde para comerem juntos foi logo organizada e na ocasião você ficou sabendo de muitas coisas sobre a paróquia de São José, à qual vocês pertencem. Então há um coral lá com um maestro muito bom e conhecido, e sua esposa já está pensando em participar. Devo dizer também que existem vários grupos familiares em que se pode, por exemplo, conversar sobre questões pedagógicas e rezar juntos. Eu sabia que Deus não os deixaria sozinhos e estou muito animado para ver o que se acontecerá a seguir. Meus cumprimentos também para a família Plettenberg, ainda que eu não a conheça.

29ª carta

Acolhida na Igreja

Cara Sra. Westerkamp,

Esta carta é sobre o batismo. Seu marido não foi batizado, ele cresceu num lar em que as pessoas não queriam ter nada a ver com a Igreja. Você foi batizada, mas seus pais viam o batismo mais como uma espécie de celebração familiar que faz parte do início da vida e algo semelhante ocorreu com sua primeira comunhão, que foi apenas uma celebração familiar. Mas no caso de sua filha, Hannah, foi diferente, ela mesma decidiu ser batizada e vocês dois testemunharam isso com um espanto silencioso. Desde então, apoiaram e incentivaram a fé de sua filha. Então já é hora de escrever para vocês sobre esse sacramento crucial. De onde vem o batismo cristão, afinal? Por que existe? O que significa?

Ele tem origem no batismo de João. Esse último grande profeta de Israel apareceu na planície do Jordão e exigia um arrependimento radical de todo o Israel. Mas ele não apenas pregava e advertia sobre o julgamento iminente, aqueles que vinham até ele confessavam publicamente seus pecados e eram imersos nas águas do Jordão (Mc 1,4-5). Durante esse processo, a água era um sinal eloquente, era o selo antes do julgamento pelo fogo anunciado por João (Mt 3,7.11).

Muitos de Israel vieram ao encontro de João e foram batizados por ele. Assim fez Jesus, por profunda solidariedade com o que aconteceu lá. Evidentemente, a aparição do Batista havia desencadeado algo decisivo em Jesus. Ele entendeu que naquele momento Deus agia sobre seu povo, que aquela era a circunstância de reunir Israel novamente, que naquela ocasião chegara a hora do arrependimento e da nova criação do povo de Deus.

No entanto, Jesus não ficou muito tempo com João no Jordão e com os discípulos que o Batista reunira ao seu redor. Ele foi para as aldeias e cidades da Galileia, onde pregou o Evangelho do reino de Deus. Jesus retomou o chamado do Batista ao arrependimento, mas com sinais diferentes, não um arrependimento por medo do juízo iminente, mas por alegria com o reinado de Deus.

Depois da Páscoa, os discípulos de Jesus continuaram o que o Batista e Jesus haviam começado, eles chamaram Israel ao arrependimento. Lucas descreve magistralmente a forma deste sermão de arrependimento em Atos, capítulos 2-5. E aqui isso é digno de nota: aqueles que se juntaram aos discípulos de Jesus e creram em sua pregação foram batizados, não necessariamente no Jordão, mas em um lugar onde havia água corrente ou talvez uma fonte de água limpa (At 8,36-38).

Isso só pode ser explicado pelo batismo de João. Tal como no caso dele, tratava-se de uma reversão radical e da renovação escatológica de Israel. Mas algo essencial havia mudado, o batismo passou a ser "em nome de Jesus Cristo" (At 2,38), significando que incluía tudo o que havia chegado com Jesus em termos de salvação e reconciliação, a alegria do evangelho, a redenção pela morte de Jesus e o poder de sua ressurreição. O batismo pressupunha a confissão de Jesus Cristo e correspondia a ela, pois quem era batizado recebia uma parte em Jesus por estar imerso na novidade que estava acontecendo em Israel. Tornava-se um participante da nova criação do povo de Deus.

Como já mencionei antes, a fé cristã não é primordialmente um ensino, uma doutrina, um conjunto de verdades que a pessoa deve aprender para se tornar um cristão. É antes de tudo a entrada numa história que começou com Abraão e encontrou seu ponto culminante em Jesus Cristo. Tudo isso também se evidencia no batismo.

Aquele que é batizado permite-se ser chamado para fora do mundo pagão com Abraão. Ele se permite ser salvo da escravidão no Egito com Moisés. Com Israel, ele é levado à aliança com Deus junto ao Sinai. É alcançado pelo chamado dos profetas de Israel ao arrependimento. Ouve o Evangelho que Jesus pregou. Juntamente com muitas pessoas que Jesus curou de suas compulsões e doenças, deixa-se libertar e redimir. Recebe uma parte na morte de Jesus e em sua ressurreição.

Paulo interpreta o batismo como morrer com Cristo para que os batizados vivam nele como pessoas novas (Rm 6,3-11). Os batizados deixam sua antiga vida para trás e já têm participação no novo mundo que nasceu com Cristo. Por isso Paulo formula que quem [pelo batismo] está em Cristo é "uma nova criatura; o mundo antigo passou, eis que aí está uma realidade nova" (2Cor 5,17).

A consciência de ter entrado numa nova criação, numa nova forma de sociedade, com o acolhimento da fé, não é mostrada apenas nas cartas de Paulo. Toda a Igreja primitiva era sustentada por essa consciência, por isso ela também estava ciente da grande importância do batismo. O batismo era considerado uma mudança de soberania, um afastamento dos deuses e demônios da sociedade pagã para ingressar na Igreja vista como a esfera da soberania de Cristo.

Tudo isso era muito concreto, provavelmente, já desde o século II, o catecúmeno tinha de apresentar um garante que atestava a seriedade de seu arrependimento. Durante três anos, ele tinha de frequentar um curso de batismo, que introduzia cuidadosamente o conhecimento da distinção entre a esfera judaica e a cristã e do modo de vida da fé. A Igreja primitiva tinha como certo que a vida cristã não vinha espontaneamente para os catecúmenos, mas deveria ser aprendida. Também acreditava que o mal é poderoso e que é preciso lutar para assegurar cada centímetro na soberania de Deus. Por isso, a instrução dos catecúmenos e o próprio batismo eram acompanhados de sinais que expressavam essa luta: renúncia solene ao mal, confissão de fé, imposição de mãos, descida à pia batismal e subida para fora da água.

Era lógico que nada na vida dos recém-batizados poderia permanecer como antes. Muitas profissões pagãs estavam fora de questão para os cristãos, ou seja, todas as profissões que entravam em contato com lendas pagãs e o culto pagão. Os professores tinham de aplicar textos com histórias sobre deuses; escultores e pintores tinham de retratar figuras de deuses; funcionários deviam jurar pelos deuses. Tais profissões, portanto, não podiam mais ser exercidas por cristãos. Atores, gladiadores, proxenetas, meretrizes, astrólogos e intérpretes de sonhos só eram admitidos como candidatos ao batismo se abandonassem a profissão.

Também se desaprovava assistir a peças, jogos de gladiadores ou lutas de animais, participar de procissões e desfiles relacionados a costumes de cultos pagãos ou comer em banquetes públicos em feriados imperiais. Até mesmo expressões idiomáticas habituais, como "Por Hércules", deveriam ser evitadas. Poderíamos continuar com a lista de recusas cristãs.

No entanto, o mais importante era que os recém-batizados se tornavam uma Igreja na qual as pessoas vinculavam suas vidas umas às outras, carregavam os fardos umas das outras e agiam com responsabilidade umas pelas outras. O que a Igreja primitiva chamava de *ágape*, a existência não mais para si mesmo, mas para Deus e para os irmãos e irmãs da comunidade, era vivenciado como um novo começo radical, como uma vida nova, em comparação à existência pagã.

Claro, é preciso admitir que este novo modo de vida no batismo não era a experiência de todos os batizados. A consciência de que a morte já havia ocorrido no batismo e que, portanto, a morte física nas mãos dos perseguidores não tinha mais poder, estava longe de ser tão forte que superasse o medo da morte entre todos os cristãos. Durante a perseguição do imperador Décio nos anos 250-251, a Igreja teve de perceber que grande parte de seus fiéis não mostrava lealdade à fé, preferindo obedecer ao decreto do imperador e participar dos sacrifícios aos deuses prescritos para todo o império. Outros, por meio de suborno, obtinham certificados provando que haviam feito sacrifícios. No entanto, a consternação com o verdadeiro estado das comunidades que compunham a Igreja na época mostra como ainda era viva a consciência de que os fiéis, como um todo, deveriam ter recusado as ordens do imperador.

No século IV, acabaram as perseguições sob os imperadores Galério e Constantino. Passo a passo, a Igreja desenvolveu-se em Igreja imperial. Ser cristão tornou-se algo natural. Na verdade, as pessoas não tinham escolha; tinham de ser cristãs, tinham de ser batizadas. E mesmo no século XIX, desde os dias do Iluminismo e da liberdade religiosa, o batismo cristão e o cristianismo permaneceram como norma para muitas famílias por muito tempo.

Essa situação mudou radicalmente no século XX. A fé cristã não é mais algo natural para a maioria das pessoas hoje. Aliás, em outros países como Japão, China, Índia e em países de maioria muçulmana, nunca foi. Mas os cristãos estão lentamente se tornando minorias, mesmo em países anteriormente cristãos e, além disso, há perseguições de cristãos em mais de 50 países, numa escala nunca antes vista nem no Império Romano. Em outros lugares, os cristãos não são perseguidos, mas a Igreja é ridicularizada ou recebida com completa indiferença.

Pergunto-me, às vezes, se todo esse desenvolvimento é bom ou ruim. É sempre ruim quando pessoas são isoladas, prejudicadas, feridas ou mortas por causa de sua fé. Mas pode ser que nessas circunstâncias os cristãos reflitam novamente sobre sua fé, e isso é bom. Há muito tempo ela deixou de ser óbvia, exigindo distância de modelos falsos, de comportamentos errados, de "deuses" falsos. Ela reclama uma existência consciente, uma decisão que parte de nós. E isso é uma coisa boa. Muitas saudações cordiais a todos vocês, e também à família Plettenberg!

30ª Carta

Fortalecimento com o Espírito Santo

Prezado Sr. Westerkamp,

"A fé exige uma decisão que parte de nós", você cita o que escrevi em minha última carta. Em seguida, transformou essa frase na opinião frequentemente ouvida: "Da mesma forma, o batismo requer uma decisão livre, razão pela qual o batismo de bebês e crianças é fundamentalmente errado".

Acho que a primeira parte de sua frase está absolutamente correta: "O batismo requer uma decisão livre". Sim, você está certo. Por isso mesmo, o sacramento da confirmação é acrescentado ao sacramento do batismo. A confirmação é o complemento necessário ao Batismo. Isso pode ser visto já na história do sacramento do batismo. Na igreja primitiva, eram principalmente adultos que se batizavam. Sem dúvida, o batismo infantil deve ter existido desde o início, pois encontramos algumas vezes no Novo Testamento a frase de que alguém se deixa batizar "com toda a sua casa" (At 16,15; 1Cor 1,16). O que se quer dizer é que a pessoa e toda a sua família, incluindo as crianças, foram batizados. Mas, na Igreja primitiva, o batismo comum era o de adultos.

Ele ocorria do seguinte modo: assim que os batizandos faziam sua profissão de fé no Deus Pai, Filho e Espírito Santo, e saíam da água, o bispo* impunha as mãos sobre eles e invocava o Espírito Santo. Também eram ungidos com óleo consagrado, recebiam do bispo o beijo da paz e depois trocavam o beijo da paz com toda a congregação. O chamado do Espírito formava uma unidade com o batismo precedente. O batismo e a confirmação eram um evento que já existia e que foi incorporado à Igreja.

Somente nos séculos seguintes houve uma mudança nessa área. O batismo e a invocação do Espírito Santo eram administrados em diferentes épocas da vida. Passaram a formar dois sacramentos. No entanto, permaneceram associados um ao outro. A confirmação é a conclusão do batismo, como também é seu complemento absolutamente necessário. Pois a criança ainda não pode dizer "Sim, quero ser batizada", ou "Não, não quero ser batizada", ou "Quero adiar o batismo". Por isso, somente a confirmação transforma o que foi iniciado no batismo em sacramento recebido *em liberdade*.

Aquele que se deixa confirmar está dizendo: "Sim, eu mantenho o meu batismo. Digo sim à minha condição de cristão. Quero viver como cristão. Percebi que é bom acreditar em Deus e em Jesus Cristo. Diante de Deus e diante da comunidade reunida, digo livremente meu sim para o que aconteceu comigo quando fui batizado. Professo publicamente minha fé e peço a Deus que me dê o seu Espírito Santo para uma vida verdadeiramente cristã".

Caro Sr. Westerkamp, você certamente dirá: "Pelo amor de Deus! Se é assim, por que então batizar crianças que não fazem ideia do que está acontecendo com elas?" Por que não esperar até que sejam livres para escolher? Em outras palavras, por que o batismo e a confirmação não são atualmente administrados juntos (como o eram no passado), quando a pessoa tenha idade suficiente para poder tomar uma decisão com verdadeira liberdade? Afinal, a prática do batismo infantil não é uma espécie de violência? A criança não deveria crescer inicialmente livre de qualquer educação religiosa?

Minha Resposta: imagine uma situação concreta, em que os pais nunca falassem sobre Deus com os filhos, nunca orassem com eles, nunca lhes falassem sobre Jesus, nunca fossem à igreja com eles. E quando alguém lhes perguntasse o porquê de agirem assim, eles responderiam: "Quando nossos filhos tiverem 18 anos, eles devem decidir por si mesmos se querem se tornar cristãos ou não. Antes disso, eles precisam crescer completamente neutros para que, quando chegar a hora, possam realmente tomar as próprias decisões".

A coisa toda seria um absurdo. Pois acreditar em Deus, confiar nele, falar com ele, viver com ele, professar Deus, tudo isso deve ser aprendido assim como aprendemos a falar e a escovar os dentes quando nos é mostrado como se faz. Se você não aprendeu a se relacionar com Deus, se você não tem uma ideia sobre Deus, então não será capaz de decidir a favor ou contra ele mais tarde. Embora a fé seja puramente um dom, ela tem também um lado humano que devemos experimentar e ao qual devemos nos habituar. Claro, pode acontecer que Deus nos surpreenda e, de repente, nos atraia para a fé sem preparação e sem orientação alguma. Mas pais que creem em Deus e mantêm os filhos longe de Deus em nome da liberdade não seriam como pais que não dão comida para seus filhos?

Talvez sua resposta seja: "Tudo bem, vamos deixar de lado o exagero da educação completamente neutra! A criança deve ser educada serenamente na fé e aprender tudo o que pertence à fé. Mas o sacramento deveria vir no final deste processo, não no início".

A isso respondo: Claro que isso seria concebível, há comunidades cristãs nas quais a prática é exatamente essa. A única coisa a perguntar é: por que o início desse processo de crescimento na fé não pode ser concebido sacramentalmente? Isso ganha expressão muita nítida, pois a fé e o batismo não são apenas uma decisão livre, são também graça pura dada por Deus e totalmente indevida.

O batismo de crianças é, então, o início gracioso de todo um processo. É o início de uma longa história de fé em que muitos estão envolvidos: os pais, os padrinhos, os fiéis, toda a comunidade. Em algum momento, decisões precisam ser tomadas. Em algum momento acontecem os primeiros passos na liberdade. Em algum momento os pais não podem mais decidir pela criança e um tempo depois eles nem devem mais fazer isso. Então é preciso que venha o "sim" livre a tudo que começou com o batismo. Talvez também um "não". Mas sempre, desde o início, os pais devem ser cautelosos e discretos em tudo o que diz respeito à fé de seus filhos. Nunca deve haver coerção em matéria de fé, nem mesmo com uma criança.

Caro Sr. Westerkamp, você certamente deve perceber que a história do desenvolvimento do batismo e da confirmação é longa e multifacetada. A verdadeira questão não é o batismo de crianças, mas saber se existe uma família devota como base para a criança ser batizada. E a próxima pergunta, que está estreitamente relacionada a isso, é: como a confirmação é realmente preparada e administrada? Esse me parece ser o segundo problema. Nos últimos dois séculos, em muitos contextos da Igreja a confirmação tornou-se uma espécie de entrada na idade adulta. Isso a aburguesou, o que muitas vezes a distancia do que ela significa para a fé e a existência cristã.

No entanto, como todos os sacramentos, a confirmação é um encontro com Jesus Cristo e quem realmente o encontra não pode permanecer neutro ou indiferente. Ele se apresenta à pessoa ou se coloca à sua disposição, a pessoa se pergunta o que pode fazer pelo Evangelho, pela edificação da Igreja, pelo serviço à Igreja. Isso pode ser diferente para cada um de nós, porque cada um tem a própria vocação, mas há sempre vida para Deus na Igreja. Senhor Westerkamp, obrigado por nunca deixar de perguntar e sempre insistir comigo. Saudações cordiais de uma casa para outra.

31ª carta

Comunhão à mesa com Jesus

Prezada Sra. Westerkamp,

Sua carta deixa claro que há certa inquietação em sua família, pois seu marido está considerando se já é hora de ser batizado. Você é a favor; Hannah é mais a favor ainda, já está imaginando tudo com entusiasmo, e seu marido nem sabe. Em todo caso, ele só consegue conceber o batismo no ambiente mais restrito possível, certamente não num culto de domingo diante de toda a comunidade. Umas vezes sua família fala muito sério sobre isso tudo e outras com alegria e confiança.

Essa confiança é fortalecida em outros encontros com os Plettenberg. Acho que estou lendo corretamente nas entrelinhas: Hannah se tornou amiga de Cristina, de 10 anos, e João, de 14 anos. Ele encoraja Hannah a enterrar velhas histórias e se juntar aos coroinhas novamente. Ele quer cuidar dela no círculo dos acólitos e é claro que Hannah está muito entusiasmada com isso. Vamos simplesmente deixar as coisas seguirem em frente!

Em minha última carta expliquei que o batismo, junto com a confirmação, era o sacramento de iniciação na Igreja primitiva, ou seja, o sacramento administrado por ocasião do ingresso na Igreja. Outro sacramento, o da recepção da Eucaristia, também fazia parte disso.

Antes de continuar, devo, contudo, explicar a palavra "Eucaristia". Ela vem do grego e significa simplesmente "ação de graças". Na Igreja Católica, a comunhão é normalmente recebida durante a Santa Missa* e, portanto, está ligada à grande ação de graças, a Oração Eucarística*. Na Oração Eucarística, a oração mais importante e solene da Igreja, o sacerdote agradece a Deus, em nome da comunidade reunida, por tudo o que fez a seu povo por meio de Jesus Cristo.

Essa Oração Eucarística começa com a exortação: "Corações ao alto", à qual a comunidade responde: "O nosso coração está em Deus". Então o padre continua: "Demos graças ao Senhor, nosso Deus", ao que se segue a resposta: "É nosso dever e nossa salvação". Nessa oração eucarística solene, que é o clímax da missa, são repetidas as palavras ditas por Jesus na Ceia do Senhor. Com base nesta grande ação de graças da Igreja, toda a assembleia, incluindo a Liturgia da Palavra e a Comunhão dos fiéis, é chamada de Celebração Eucarística, e o pão que os fiéis recebem é o Pão da Eucaristia. Isso é o que basta dizer para a explicação desta palavra.

Na Igreja primitiva, quando os batizandos haviam recebido o batismo e a confirmação na Vigília Pascal, eram imediatamente conduzidos à celebração eucarística e recebiam a Eucaristia junto com toda a comunidade. Comungar no meio da comunidade era a conclusão de seu ingresso na Igreja. A partir desse momento eles estavam completamente, e em todos os aspectos, ligados a Cristo. A união com Cristo não pode ser mais tangível do que na refeição comum. Mas como surgiu essa refeição?

A ceia da Eucaristia remonta à ceia de Jesus antes de sua morte, a ceia judaica do Seder* celebrada na véspera da Festa de *Pessach**. Nessa refeição, toda a família se reúne para comer o cordeiro de Páscoa*. No entanto, Jesus não celebrou sua última noite de Seder com sua família ou com amigos, como era costume; celebrou-a com os doze discípulos que escolhera como sinal de que era importante para ele reunir e renovar Israel. Os doze discípulos eram um símbolo das doze tribos.

O conteúdo principal da noite do Seder era a memória do grande ato de salvação de Deus, a lembrança da noite do êxodo do Egito. O fato de Jesus celebrar exatamente essa lembrança com os doze discípulos é dado como óbvio nos textos de Mateus, Marcos, Lucas e Paulo, mas não é especificamente mencionado ou descrito. O que era especial e novo era outra coisa, e é isso que a Última Ceia relata.

Durante a refeição, Jesus toma o pão, faz uma oração de agradecimento, depois o parte e o entrega aos doze. Esse continua sendo um rito prescrito, a oração à mesa antes da refeição principal. O elemento especial é que Jesus interpreta o pão partido que entrega aos doze, com as palavras "Isto é o meu corpo". Palavras extremamente concisas! Poderíamos parafrasear assim: "Este pão sou eu, sou eu com minha história e minha vida. Minha vida será partida como este pão. Eu o dou a vós para que tenhais parte em mim e na minha morte".

Em primeiro lugar, esta ação simbólica é uma profecia de morte. No sinal do pão partido, Jesus anuncia que morrerá violentamente. Mas ao mesmo tempo a ação simbólica é mais do que apenas uma previsão de sua morte, pois Jesus dá aos doze uma parte em sua existência que é ofertada na morte. Sua morte tem uma dimensão profunda na qual os doze e, portanto, Israel devem compartilhar porque os doze representam Israel.

Os textos sobre a última ceia do Novo Testamento pressupõem que a oração de ação de graças e a palavra interpretativa sobre o pão partido eram seguidas pela refeição principal, o cordeiro. No final da refeição principal, o chefe de família segurava o chamado "cálice da bênção" e fazia uma renovada oração de agradecimento por ele. Jesus também adere a esse rito, mas faz dele algo novo e único.

De acordo com a descrição do Evangelho de Marcos, Jesus diz com referência ao cálice da bênção: "Isto é meu sangue, o sangue da aliança, derramado em prol da multidão" (Mc 14,24). Em Lucas, a palavra interpretativa sobre o cálice de bênção é: "Esta taça é a nova Aliança em meu sangue derramado por vós" (Lc 22,20).

Com isso, Jesus mais uma vez aponta para sua morte iminente. Ele interpreta o vinho tinto como seu sangue, que logo será derramado. "Derramar sangue" significa matar, Jesus será morto. Mas aqui também não se trata apenas de profecia da morte. Marcos está falando sobre o "sangue da aliança". E isso é uma alusão a Êxodo 24,4-8, em que se narra o ato de fundação de Israel, a aliança com Deus no Monte Sinai. Por ocasião dessa aliança, Moisés derramou o sangue de animais sacrificados sobre um altar de pedra.

Contra esse pano de fundo do Antigo Testamento, a palavra de Jesus sobre o cálice de bênção significa que sua vida será entregue à morte. Seu sangue não será derramado em vão e num ato sem sentido; ele é antes "sangue da aliança". Isto é, ele renova e completa a aliança que Deus fez outrora com Israel junto ao Sinai. Na morte de Jesus acontece a nova criação do povo de Deus. Isso acontece pelo sangue de Jesus, que liberta Israel de sua culpa e lhe confere expiação*.

A instrução para repetição "Fazei isto em memória de mim" (Lc 22,19; 1Cor 11,24-25) também é importante nos textos da última ceia. "Fazei" significa "executai", "festejai", "celebrai". E celebrar a "memória" da morte de Jesus significa mais do que mera "lembrança". Sempre que a última ceia de Jesus é celebrada novamente, há uma atualização da morte de Jesus e da salvação que sua morte trouxe.

Cara Sra. Westerkamp, você certamente notará que quando a Igreja se reúne para celebrar a Eucaristia não se trata de uma reunião qualquer, como milhares de outras. A última ceia que Jesus celebrou com os representantes de Israel torna-se verdadeiramente presente, estamos todos reunidos ao redor de Jesus no Cenáculo. Temos uma participação em seu sofrimento, em sua morte, em sua ressurreição. Participamos até mesmo da história de Israel, porque a refeição do Seder de Jesus não pode ser compreendida sem a história do Êxodo.

É importante para mim que ambos tenham diante dos olhos como pano de fundo o Antigo Testamento e o contexto judaico da Eucaristia. Porque, sem esse pano de fundo, o ato de comer o pão na celebração eucarística incorre no perigo de parecer magia. A hóstia ou o pedacinho de pão que os cristãos comem na celebração da Eucaristia* não é uma espécie de remédio que dá vitalidade. Comunhão é encontro. É o encontro direto com Jesus Cristo. Ao celebrar a Eucaristia e comer o pão da Eucaristia, compartilhamos dele mesmo e de sua história.

Há outro mal-entendido com o qual devemos ter cuidado, ele diz respeito não apenas à recepção da Eucaristia, mas a todos os sacramentos. Eu havia dito em carta anterior que os sacramentos são "sinais", e isso é algo para gravar. No entanto, o conceito de sinal se torna imediatamente errado se dizemos que são "apenas" sinais. Isso significaria que eles são apenas uma espécie de ilustração ou verificação, mas não teriam nenhum efeito por si mesmos. Seria o mesmo que dizer: o que nos dá a salvação é somente a fé, os sacramentos são apenas esclarecimentos e ilustrações posteriores, são sinais que nos lembram do que já aconteceu na prática da fé.

Mas tal posição não faria justiça aos sacramentos cristãos, sobretudo à celebração da Eucaristia. Quem recebe a Eucaristia não celebra uma ilustração, celebra com Jesus a ceia antes de sua morte. Essa pessoa tem realmente a companhia dele à mesa. Claro, a fé faz parte de qualquer sacramento. Mas o sacramento é mais do que apenas visualização didática, nele ocorre um encontro com o próprio Jesus Cristo.

O que acontece nesta refeição é o ponto alto de toda a vida sacramental, é o centro da vida da Igreja. Desejo a você e seu marido uma vontade profunda de poder receber este sacramento em algum momento (breve?), e saúdo-os cordialmente.

32ª Carta

Arrependimento e cura

Caro Sr. Westerkamp,

Hannah retornou ao serviço como coroinha e de repente a missa deixou de ser aborrecida para ela. Como fiquei feliz com essa notícia! Posso imaginá-la recolhendo a coleta* com João Plettenberg no último domingo. Ela deve ter se sentido muito orgulhosa.

Algo que a magoara profundamente foi curado. Várias pessoas ajudaram para que tudo voltasse a ficar bem: você e sua esposa, o padre de sua paróquia que imediatamente se dispôs a conversar, as meninas e os meninos que ouviram alguns conselhos durante a conversa e, claro, Johannes, que deu uma grande contribuição no final. Todo o processo foi de grande importância para Hannah. Mal podemos avaliar o que a experiência direta dessa "reconciliação" significa para sua vida.

Reconciliação, restauração e cura desse tipo não são necessárias para todos nós? Não cometemos apenas "pecadilhos", bobagens e erros. Não somos apenas causa de constrangimentos que continuam surgindo em nossa memória por anos a fio. Não temos somente hábitos que incomodam constantemente os outros. Se fosse só isso!

Não! Há também culpa real em nossa vida. Há coisas boas que deveríamos ter feito e não fizemos. Há feridas profundas que infligimos a outras pessoas. Há abuso da confiança, há calúnia, há o orgulho arraigado, as situações horríveis em que desconsideramos a liberdade e a dignidade dos outros. Há ganância, avidez, egoísmo, frieza de coração e indiferença. Quem poderia dizer de si mesmo que está livre de tudo isso?

O batismo libertou os cristãos do poder e das conexões nefastas. Ele os levou para a Igreja, e assim para a liberdade e lucidez de Jesus Cristo. Eles não estão mais sujeitos ao pecado porque o batismo os imergiu na misericórdia e no amor profundos de Deus. Agora eles próprios têm a possibilidade de viver esse amor.

Mas então acontece novamente o que descrevi anteriormente, isto é, momentos de desamor, ganância e orgulho. E, muitas vezes, não são apenas momentos. O mal pode voltar a ganhar espaço dentro de nós. Esta é a nossa situação, e é por isso que no início de cada celebração eucarística a comunidade reza a confissão de culpa e pede a Deus o perdão dos pecados. Existem muitas outras oportunidades para pedir perdão a Deus, como o pedido espontâneo de perdão quando percebemos que erramos ou o exame de consciência à noite quando recapitulamos tudo o que aconteceu no dia. Vez após vez, podemos nos arrepender quando percebemos como estamos longe do Evangelho. Acima de tudo, há arrependimento junto com toda a Igreja nos quarenta dias de penitência pascal. E, além de tudo isso, há o *sacramento* da penitência, perdão, reconciliação, restauração e cura. Por quê? Vou citar duas razões.

Em todo casamento, Sr. Westerkamp, há situações em que um cônjuge magoa o outro, fere ou age de maneira injusta. É possível, então, que o marido ou a esposa peça perdão *privadamente* e decida que algo assim não acontecerá novamente. Tal coisa é totalmente viável. Nem sempre devemos dizer tudo, espalhar tudo, por tudo para fora. Em todo bom casamento há um espaço de compreensão mútua em que as palavras não precisam ser usadas. É assim também que os sinais são recebidos.

Mas em toda convivência também há situações em que você precisa se manifestar verbalmente e, em certas circunstâncias, pedir perdão. Então, acontecem muito mais coisas do que quando as pessoas se mantêm em silêncio. Pois, ao ficar calados em situações importantes, podemos nos equivocar seriamente e corremos o risco de não perceber a extensão do que fizemos. Somente a admissão verbal da própria culpa *perante o outro* leva à verdade completa.

Algo semelhante acontece na confissão*. Eu não resolvo a questão com Deus apenas em minha interioridade, confesso minha culpa no âmbito da Igreja porque o sacerdote que me absolve dos meus pecados age em nome dela. Ao confessar minha culpa diante de um oficial da Igreja, dou a essa culpa o peso que ela merece e não a torno algo de menor importância que posso descartar rapidamente. Além disso, toda culpa grave destrói um pouco do esplendor e da beleza da Igreja. É por isso que a cura da culpa também tem algo a ver com a Igreja. Esta é a primeira razão pela qual o sacramento da reconciliação existe como confissão diante do sacerdote.

Há ainda uma segunda razão. Como todos os sacramentos, a confissão antecipa o que nos acontecerá na morte na presença de Deus. O batismo já dá uma participação na vida eterna. Receber a Eucaristia é o início do banquete eterno com Deus, que nunca terá fim. E assim, quando nos confessamos, já nos colocamos sob o julgamento de Deus, que em todo caso viria sobre nós na morte. Na confissão eu já estou diante de Cristo, ela é o julgamento misericordioso de Cristo sobre meus pecados, e eu me torno livre da minha culpa. A confissão é a oferta de Deus para mim agora, nesta hora, para ter minha graça batismal restaurada e poder começar de novo e sem culpa. A absolvição pronunciada pelo padre após a confissão de culpa diz:

> Deus, Pai de misericórdia, que pela morte e ressurreição de Cristo reconciliou consigo o mundo e enviou o Espírito Santo para o perdão dos pecados, te conceda, pelo ministério da Igreja, o perdão e a paz.
> E eu te absolvo dos teus pecados, em nome do Pai e do Filho e do Espírito Santo.

Os cristãos recebem uma grande liberdade e uma profunda felicidade. É uma felicidade tão grande quanto aquela quando duas pessoas se reconciliam e seu amor uma pela outra torna-se ainda mais profundo e belo. Nada há de mais libertador do que estar plenamente reconciliado com Deus, isso faz parte da vinda do reino de Deus. É por isso que Jesus não apenas pregou o reino de Deus, mas foi até os culpados e pecadores, comeu com eles, prometeu-lhes o perdão de Deus e os libertou de sua culpa.

Seria bom se vocês dois lessem a parábola do filho pródigo em Lucas 15,11-32. Ela mostra que a reconciliação com Deus é uma saída da miséria do pecado, uma volta ao lar, uma festa.

Caro Sr. Westerkamp, certa vez você me escreveu que acha muito importante proteger a natureza e preservar a criação. Então, para concluir, acrescento mais um pensamento que está bastante relacionado a isso. Com cada arrependimento de uma pessoa, cada confissão de sua culpa diante de Deus e cada redenção que se segue à confissão, um pedaço da criação destruída é restaurado. Porque tudo o que Deus quer é que sua criação esteja íntegra e intacta. Saúdo a todos de coração e desejo especialmente a Hannah muita alegria e felicidade em seu serviço.

33ª Carta

Saúde aos doentes e moribundos

Prezada Sra. Westerkamp,

Seu irmão lhe escreveu uma longa carta, uma espécie de carta de defesa. Minha leitura interpretativa diz que seu irmão gosta muito de você; de alguma forma se arrepende de não concordar com a irmã. Mas ele também não pode retratar sua posição em questões de fé, assim, busca compreensão e se empenha para que o bom relacionamento mútuo continue.

De fato, a relação entre vocês deve continuar assim. Acho que você deveria escrever para ele dizendo que nada mudou, que o mais importante é que ele prossiga buscando honestamente a verdade sobre o mundo e a vida, sem qualquer amargura ou cinismo. Então você poderia acrescentar que ele já está no caminho de Deus, porque Deus é a verdade. Se eu fosse você, só me envolveria em discussões se ele lhe fizesse perguntas específicas. Se isso ocorrer, responda a ele. Ficarei feliz em ajudar.

Mas, de volta aos sacramentos. No final da minha carta sobre a confissão, eu disse que esse sacramento também se baseia nas ações de Jesus, ou seja, seus encontros com párias e pecadores. Com a Unção dos Enfermos ocorre a mesma coisa, Jesus curou enfermos diversas vezes – cegos, surdos, paralíticos, leprosos. Acima de tudo, foram os vários milagres de cura que o tornaram conhecido em Israel.

É claro, a atividade de cura de Jesus também está ligada à sua proclamação do reino de Deus. Porque o reino de Deus irrompe com ele e sua proclamação, tudo em Israel deveria mudar. A vida sob a soberania de Deus só pode ser imaginada como uma vida curada.

A "vida curada" tem muitas dimensões. A cura pode significar livrar-se de uma doença; mas também pode significar tornar-se são internamente, acalmar-se, colocar a vida inteira nas mãos de Deus, reconciliar-se com Deus e com as pessoas e ser curado *dessa maneira*.

O caminho até lá passa pelo arrependimento, um caminho em que nos distanciamos de nossas concepções e nossos padrões de comportamento em direção dos pensamentos salvíficos de Deus. Essas diferentes dimensões de "cura" são importantes. Não se trata apenas de curar o corpo, mas também de curar a vida, de curar nossa própria história. Há tantas coisas que arrastamos conosco: feridas, mágoas, o não dito, o não resolvido, o não redimido, confusões, complexos e, acima de tudo, a culpa que pesa sobre nós. Tudo isso que constitui nossas doenças e se opõe ao esplendor do reino de Deus precisa de cura.

O Novo Testamento mostra como a atividade de cura de Jesus continuou entre os discípulos após sua morte e ressurreição. Eles não apenas *visitam* os doentes, não apenas os *consolam*, sua missão é *curar* os doentes. Os Atos dos Apóstolos relatam toda uma série dessas curas. Por exemplo, leia Atos 3,1-10 com seu marido. Mesmo depois da Páscoa, a missão dada por Jesus foi levada a sério: "A caminho, proclamai que o reino de Deus está próximo! Curai os doentes, ressuscitai os mortos, purificai os leprosos, expulsai os demônios" (Mt 10,7s.).

Ao longo dos séculos, a Igreja sempre soube que essa missão de cura faz parte de sua essência. Ela cuidou dos enfermos desde o início. Inventou o hospital. Os doentes recebiam medicamentos dos jardins de ervas em numerosas farmácias de mosteiros. Santa Hildegard von Bingen combinava atenção amorosa aos doentes com observação precisa dos efeitos terapêuticos dos medicamentos, e ela não foi a única a fazê-lo. Todas essas coisas deixam claro que o sacramento da unção dos enfermos está inserido no amplo espectro de uma atenção que implica a salvação holística do ser humano. E, claro, a medicina também tem seu lugar aqui. Assistência médica boa e de alta qualidade e o cuidado sacramental para os doentes se complementam.

Não preciso dizer como se administra a unção dos enfermos. Você me disse em sua última carta que todos os três estavam presentes quando a vovó Plettenberg recebeu a unção dos enfermos há duas semanas, depois que sua condição física se deteriorou repentinamente. Vocês viram o padre ungir sua testa e suas mãos com o óleo consagrado pelo bispo e, em seguida, a viram receber a Sagrada Comunhão. Fico feliz que ela esteja se sentindo melhor. A propósito, algo semelhante ocorreu com minha mãe. Ela realmente se revigorou depois de receber a unção dos enfermos.

Claro, a situação também pode ser diferente. Nesse caso, este sacramento torna-se uma validação confortante da vida. Os moribundos entregam nas mãos misericordiosas de Deus toda a sua vida, toda a sua história e tudo o que vivenciaram. É uma grande bênção se algo assim for possível. Há algo profundamente humano e cristão quando toda a família pode se reunir ao redor do leito de morte e quando o moribundo dá seu último suspiro silencioso sob as orações dos parentes mais próximos.

Pode-se orar por uma hora de morte como essa, pois trata-se de um presente. A unção dos enfermos torna-se então o sacramento dos mortos. Claro, isso não muda o fato de que, desde sua origem, ela é um sacramento para os vivos que cumpre a missão de curar os enfermos dada por Jesus. A pessoa, de fato, não deveria estar doente, pois a doença é um mal e Deus quer a vida, ele é um Deus da vida. Saúdo a todos vocês cordialmente e peço que enviem também meus cumprimentos à avó Plettenberg.

34ª Carta

Agir na autoridade de Jesus

Caro Sr. Westerkamp,

Em minhas últimas cartas, creio ter ficado claro que os sacramentos têm suas raízes em Israel e sobretudo em Jesus, em quem o Israel escatológico já se tornou realidade: o sacramento do batismo remonta ao batismo de João, a que também se submeteu Jesus; a confirmação no Espírito Santo, que Jesus recebeu em seu batismo e que ele mesmo derramou sobre seus discípulos no dia de Pentecostes; a Eucaristia na noite do Seder judaico e os eventos no cenáculo; o sacramento da reconciliação no modo como Jesus trata marginalizados e pecadores; e a unção dos enfermos em seus muitos milagres de cura.

Mas o sacramento da ordem também alude a Jesus e sua prática da soberania de Deus? Certamente não quando se exige que Jesus tivesse ordenado sacerdotes, colocado uma casula* nos recém-ordenados e dado a eles um breviário* e um código da lei eclesiástica. Contudo, argumentar neste nível é obviamente um disparate. Os sacramentos são consumação daquilo que foi instituído na Igreja a partir de Jesus. Essas coisas nela instituídas tiveram de ser realizadas, desenvolvidas e tomar forma ao longo dos séculos. Houve, inclusive, necessidade de definir posicionamentos contra abusos e heresias. Ninguém poderia exigir que todas essas coisas já existissem em forma desenvolvida no próprio Jesus.

Ocorre o mesmo com a ordenação sacerdotal. Jesus já realizou o que é essencial para ela. O que a constitui é a missão, o *envio* de discípulos ao povo de Deus. Jesus enviou os doze para proclamar a soberania de Deus em Israel (Mc 6,7), o que não inclui apenas a proclamação da palavra, mas também o testemunho da soberania de Deus pela atenção aos pecadores e doentes. Os doze deviam fazer tudo o que Jesus fez, eles agiram na autoridade de Jesus (Mt 10,1).

Agir na autoridade de Jesus significa que o que eles fazem, não fazem por seu poder, pelo próprio talento e nem pelo talento do povo de Deus, que estaria, por assim dizer, condensado neles. Fazem-no unicamente por encargo de Jesus que dá autoridade a eles para que testemunhem o reino de Deus em palavras e ações. Nessa autoridade, eles tornam Jesus presente e o representam.

A raiz do ministério está no envio dos doze, no testemunho oficial que é dado com ele. É claro, esse ministério na Igreja ainda tinha de assumir sua forma apropriada. Contudo, essa formação aconteceu já muito cedo, já estava em evolução dentro das Igrejas do Novo Testamento. Os Atos dos Apóstolos e as cartas a Timóteo e Tito já mostram que há um ofício apostólico na Igreja. Fala-se de epíscopos*, de presbíteros* e diáconos*. E já nas comunidades do Novo Testamento há a transmissão de ofícios pela imposição de mãos. Os bispos de hoje estão ligados à era apostólica por uma longa cadeia de imposição de mãos.

Mas, deixando de lado todos os fatos históricos (incluindo o envio dos doze por Jesus), formulo uma questão muito simples: por que deve haver um ministério eclesiástico que não realiza democraticamente a vontade popular, mas que está vinculado ao preexistente? Resposta: porque há esse preexistente, que deve ser preservado, protegido, honrado e respeitado; que deve ser passado adiante e permanecer vivo.

Aliás, essas palavras "democraticamente" e "vontade popular" são uma terrível simplificação. Porque nem mesmo os representantes do povo numa democracia estão *exclusivamente* vinculados à vontade popular, eles também estão vinculados a sua consciência moral e, acima de tudo, estão vinculados a uma constituição. Não poderiam abolir os direitos fundamentais, mesmo que a vontade popular assim exigisse.

Especialmente, o povo de Deus, ou seja, a Igreja, tem preceitos aos quais está estritamente ligado. Ele não está de forma alguma à sua livre disposição. O preceito básico do qual a Igreja vive é Jesus Cristo, sua proclamação do evangelho, sua reunião do povo de Deus, o mandamento de amar, sua dedicação aos pobres e abandonados. O preceito básico da Igreja também é tudo o que o Espírito Santo ensina a ela no decorrer de sua história (Jo 14,26). O ministério eclesiástico está comprometido com tudo isso e a Igreja não pode abolir esses preceitos; não pode dispor deles pois deve servir a eles com todas as suas forças.

Caro Sr. Westerkamp, gostaria de ilustrar isso com o exemplo que segue. Na missa de domingo, você poderá ver que o padre, emissário do bispo, usa uma estola* e uma casula. Por quê? Certamente não para tornar as coisas mais solenes na igreja! Nem para que a cor da casula deixe claro qual é o tempo litúrgico (advento, quaresma, páscoa, pentecostes, ano litúrgico normal da igreja). Não! O traje do sacerdote deve mostrar que, quando preside o serviço, ele não o faz por sua autoridade, nem pela autoridade da comunidade reunida, mas pela autoridade de Jesus Cristo. Ele deve torná-lo presente.

Analogamente, quando ele prega, não tem de apresentar suas opiniões particulares, nem sua teologia particular, nem suas ideias favoritas para a reforma definitiva da Igreja, mas apenas explicar o Antigo Testamento, interpretar as epístolas dos apóstolos e proclamar o Evangelho. Ele não está ali pela própria glória, mas deve dar glória a Deus com tudo o que faz; deve ser muito humilde, porque ele não cria a Igreja, a qual é inteiramente obra de Deus. Portanto, tal como os fiéis, ele deve confessar repetidamente suas omissões, sua culpa e seu desrespeito à glória de Deus. Para deixar tudo isso nítido, ele usa a casula, não se apresenta de terno e gravata.

Até agora ainda não falei sobre as missões dos chamados leigos* na Igreja, as inúmeras mulheres e homens que também são "enviados". Eles receberam sua missão na confirmação do bispo. Todo aquele que é batizado e confirmado é enviado para viver como cristão, testemunhando o Evangelho e ajudando a edificar a Igreja. Não há dúvida quanto a tudo isso. Mas esta carta era sobre a missão *sacerdotal*. A Igreja precisa dos dois tipos de missão, ela prospera em ambos.

O serviço que Hannah presta quase todos os domingos, e às vezes durante a semana, também é um serviço eclesiástico, e você pode ficar feliz por Hannah estar fazendo isso de novo com tanta dedicação. Saudações amorosas a todos vocês!

35ª Carta

Sinal da fidelidade de Deus

Prezada Sra. Westerkamp,

O sacramento do matrimônio também está baseado na Bíblia? O Antigo Testamento contém textos que atribuem grande dignidade à parceria entre homem e mulher. Logo no início, o relato da criação diz: "Deus criou o homem à sua imagem, a imagem de Deus ele o criou; criou-os macho e fêmea" (Gn 1,27). Um pouco mais adiante, a profunda unidade entre os cônjuges se expressa da seguinte forma: "Por isso, o homem deixa seu pai e sua mãe para ligar-se à sua mulher, e se tornam *uma só* carne" (Gn 2,24).

No entanto, há ainda mais, alguns profetas descrevem a aliança entre Deus e Israel diretamente com a imagem do amor conjugal. Embora Israel quebre repetidamente a aliança com seu Deus, Deus agarra-se a seu povo com lealdade inabalável (Is 54,1-10).

No altamente poético Cântico dos cânticos, os encontros entre um jovem e sua amada são descritos em cores brilhantes. Escolho um de seus textos:

> Põe-me, qual sinete, sobre teu coração, como sinete, sobre teu braço. Pois:

> Forte como a Morte é Amor;
> inflexível como Sheol é Ciúme;
> suas chamas são chamas ardentes:
> um raio sagrado.
> As Grandes Águas não conseguiriam apagar o Amor
> e os Rios não o submergiriam.
> (Ct 8,6s.)

E, como fator decisivo, temos que as canções de amor do Cântico dos cânticos chegaram ao Antigo Testamento apenas porque se viu nelas uma descrição da aliança entre Deus e seu povo – com todo o perder-se, buscar e reencontrar-se que fazem parte da história da aliança de Israel. Não se pode descartar inteiramente que desde o início essas canções de amor foram escritas para expressar o amor entre Deus e Israel.

Os teólogos do Novo Testamento retomam este tema extraordinário. Comparam a profundidade do amor conjugal com o amor entre Cristo e a Igreja. Assim escreve o autor da carta à Igreja que está em Éfeso: "É por isso que o homem deixará o seu pai e a sua mãe, ele se ligará à sua mulher e ambos serão uma só carne. Este mistério é grande: eu, por mim, declaro que ele concerne ao Cristo e à Igreja" (Ef 5,31s.).

Claramente, comparar dessa maneira a aliança entre Deus e Israel, ou a união entre Cristo e a Igreja, com o matrimônio pressupõe uma imagem elevada do casamento e do amor conjugal. Não é de admirar que Jesus defenda e proteja o casamento com um radicalismo sem precedentes! O homem que apenas olha para outra mulher com luxúria já está cometendo adultério, e, com isso, torna-se culpado de um crime capital, diz Jesus no Sermão da Montanha (Mt 5,27s.). Ele condena o divórcio com a mesma severidade: "Se alguém repudia sua mulher e se casa com outra, é adúltero com respeito à primeira; e se a mulher repudia seu marido e se casa com outro, ela é adúltera" (Mc 10,11s.). Jesus justifica esta indissolubilidade do matrimônio com o texto de Gênesis 2,24: "Assim, eles não são mais dois, mas uma só carne. Não separe, pois, o homem o que Deus uniu" (Mc 10,8s.). Isso era tão chocante naquela época quanto é atualmente. Então não existem casamentos que não são mais suportáveis? Não existem casamentos frívolos, precipitados, baseados em expectativas irreais? Não há também mudanças nas condições de vida que tornam questionável a continuidade da existência de um casamento? E com a expectativa de vida muito maior hoje, não há o direito a novos relacionamentos e novos horizontes? A indissolubilidade do casamento, como ensina o Novo Testamento, não condena as pessoas a uma falta de liberdade que se transforma em servidão?

Podemos fazer todas essas perguntas e ainda haveria muito a responder. Uma das respostas mais importantes seria que um casamento sacramentado não deveria ser um relacionamento solitário e isolado de duas pessoas. Ele foi firmado na Igreja e tem direito à ajuda da comunidade cristã. Ajuda, por exemplo, para encontrar um apartamento, na criação dos filhos, em caso de doença, em dificuldades financeiras. É exatamente aqui que a comunidade, em sua união e cooperação mútua, deve provar o que ela é por sua essência.

E, acima de tudo, um matrimônio celebrado diante de Deus e da Igreja pode contar com a ajuda de Deus. Os dois cônjuges nunca estão sozinhos. Eles têm um terceiro elemento na aliança, têm a oração em comum e, além disso, têm a possibilidade da confissão, a oportunidade de começar de novo nos períodos de dificuldades e crises do casamento, a chance de reconciliação.

No fundo, a proibição do divórcio no Novo Testamento, ou melhor, o mandamento da fidelidade conjugal eterna, deixa claro que o casamento cristão é um vínculo que vai além de tudo o que é erótico e sexual, embora ambos tenham seu lugar nessa relação. Sexualidade, eros e amor altruísta devem permear um ao outro. O "sim" que os dois parceiros dizem um ao outro na celebração do casamento significa: "sim a você com tudo o que você é"; "apenas você"; "você para sempre". E também significa: "digo sim a você nos dias bons e nos ruins".

Faz parte da essência humana, e até constitui sua mais alta dignidade, que ela possa entrar em um vínculo desse tipo. A propósito, para os filhos, a lealdade mútua dos pais também significa segurança e proteção. Quanto desamparo e quanta tristeza as crianças experimentam quando os pais se separam!

Não devemos ver a proibição cristã do divórcio como uma severa "obrigação" que pesa sobre os ombros dos cônjuges, mas como algo que torna claro e inequívoco o que é o casamento cristão. Trata-se de algo mais do que uma relação puramente natural, embora nunca deva suprimir sua base natural, é uma das maiores conquistas culturais, um reflexo da fidelidade de Deus ao seu povo. É amor criativo, uma missão para edificar a comunidade e servir à Igreja. Digo esta última frase com bastante consciência, embora ela seja cada vez menos divulgada e corra o risco de ser esquecida: o casamento cristão tem a missão de construir uma comunidade e servir à Igreja. É por isso que a palavra "sim" dita no casamento na Igreja não só significa "apenas você" e "você para sempre", mas também "junto com você pelo Evangelho".

É claro, o casamento cristão, quase como nenhuma outra instituição, está exposto à erosão. Até mesmo a palavra "amor" é incessantemente rebaixada em nossa sociedade. Para os naturalistas, o amor é um processo hormonal e nada mais; para os embrutecidos, ele é autossatisfação a dois; para os cínicos, depois que murcham os primeiros sonhos floridos, é apenas um hábito tenaz.

Mas há outras vozes também. O filósofo Leibniz, que era um matemático brilhante e um técnico habilidoso, disse que "O amor é alegria com a felicidade do outro". Sinceramente desejo-lhe esta alegria, Sra. Westerkamp, como também para seu marido e para sua filha Hannah.

36ª carta

Viver dos sacramentos

Caro casal Westerkamp,

Desta vez vocês me responderam com uma *carta a duas mãos* bastante longa. Foi uma de suas cartas mais bonitas. Vocês não são casados na Igreja, mas sua carta mostra a visão que tiveram quando foram ao cartório de registro civil dez anos atrás. O casamento muito feliz dos pais de cada um de vocês teve um papel importante nisso, assim como os muitos divórcios que ocorreram em seu círculo de conhecidos e que os afetaram.

Vocês também têm razão em chamar atenção para o fato de que está em curso uma mudança na sociedade, ainda imperceptível para muitas pessoas. Trata-se do fato de que muitos jovens estão simplesmente fartos da convivência completamente descomprometida, os notórios adultérios, "casamentos temporários" e tudo o mais que ainda se propaga em inúmeras séries de televisão e romances triviais. Eles valorizam um vínculo forte e uma convivência de longo prazo. Não querem mais viver num casamento como a geração anterior à deles e, acima de tudo, não querem mais ter sua imagem de parceria ditada por grupos de interesse que fazem seu *lobby* insistente na mídia, nas universidades e nos ministérios da cultura.

Mas esse é um campo vasto. Nesta carta, eu gostaria de expandir um pouco o que disse sobre os sete sacramentos. Meu desejo é que os sacramentos não fiquem isolados como blocos erráticos em nossa vida. Eles devem continuar na vida cotidiana. Mas como isso pode dar certo? Para esta "continuação dos sacramentos", a Igreja conhece uma série de sinais e ritos discretos, os quais gostaria de enumerar.

Vocês já devem ter notado que muitas pessoas, assim que entram na igreja, mergulham a mão numa pequena bacia e se benzem com água benta*. Muitos fazem isso simplesmente para buscar a bênção de Deus. Mas também há cristãos que fazem isso para lembrar seu batismo. Com o batismo, eles entraram na Igreja e receberam uma participação na morte e ressurreição de Cristo. Acho este pequeno lembrete de receber água benta teologicamente apropriado e bonito. Não deve perecer, por exemplo, pela arrogância intelectual de achar que algo assim seria "apenas devoção popular".

Um rito semelhante é o sinal da cruz*, uma pessoa pode fazer o sinal da cruz de manhã ao levantar-se e à noite ao deitar-se. Pode começar um trabalho difícil com o sinal da cruz e também fazer o sinal da cruz na testa do seu filho quando ele for para a escola ou quando for dormir à noite, e, claro, em sua esposa ou seu marido. Não tem nada a ver com magia, é o lembrete vivo, realizado diariamente, de que somente na cruz de Jesus Cristo encontramos a salvação.

Outro ritual praticado por não poucos cristãos é o exame de consciência diário. Reservamos um tempo para ficarmos sozinhos por alguns momentos e pensamos no que negligenciamos nas últimas horas, no que fizemos que magoou os outros e também nas coisas boas que recebemos. Em seguida agradecemos a Deus ou pedimos seu perdão. É claro que existe uma conexão entre o exame de consciência e o sacramento da penitência. O exame de consciência diário prepara a confissão além de a tornar viva e fecunda.

Existe também um bom hábito relacionado à celebração eucarística dominical? Certamente! Talvez haja uma igreja ou capela de fácil acesso perto de sua casa ou na frente da qual vocês passam todos os dias. Vocês encontrão paz se pararem ali por alguns minutos, voltarem o olhar para o altar, para a lucerna/lâmpada* permanentemente acesa ao lado do sacrário/tabernáculo*, ficarem quietos e simplesmente abrirem o coração para Jesus Cristo.

Há muitos outros sinais que nos lembram os sacramentos e que podem transformar nosso dia. Claro, isso inclui a celebração anual do aniversário de casamento. Desejo de coração que num futuro não tão distante vocês celebrem não apenas o dia do seu casamento civil, mas também de seu casamento na Igreja. Aliás, haveria também, de acordo com o direito canônico, a possibilidade de ter seu casamento, que vocês celebraram com amor e com princípios claros, simplesmente reconhecido como um casamento cristão. Dessa forma, um casamento religioso não seria necessário e teriam o casamento de longa data validado pela Igreja. Podemos falar mais sobre isso quando tivermos uma chance. Obrigado mais uma vez por sua amável carta. Meus cordiais cumprimentos!

37ª carta

Viver da Sagrada Escritura

Caro Sr. Westerkamp,

Em minha última carta tentei mostrar que os sacramentos na vida de um cristão não devem ser ilhas isoladas. Desde o batismo, toda existência cristã tem uma estrutura sacramental que já está integrada na vinda do reino de Deus e é um encontro constante com o Ressuscitado.

Uma vida assim, baseada inteiramente no batismo e nos sacramentos, parece humanamente impossível e, por isso, ela é sempre dada às pessoas de novo por Deus. Mas recebemos mais do que isso, Jesus Cristo, além de nos encontrar nos sacramentos, encontra-nos também na Sagrada Escritura.

Essa bipolaridade pode ficar muito clara no culto cristão. Quando você vai à igreja no domingo com sua esposa e Hannah, a missa não consiste apenas na celebração da Eucaristia. Esta é precedida pela chamada "liturgia da Palavra". Nela, um texto do Antigo Testamento é lido e um salmo é cantado com a antífona* correspondente. Em seguida, faz-se uma leitura das epístolas do Novo Testamento e Depois, numa moldura particularmente solene, há leitura de um texto de um dos quatro evangelhos. Seguem-se a homilia, a confissão de fé da comunidade e depois as preces pela Igreja e pelo mundo inteiro. Você sabe de todas essas coisas, eu só queria enumerá-las novamente.

Portanto, precisamos distinguir entre a liturgia da palavra e a celebração da Eucaristia. No entanto, ambas as partes da missa formam uma unidade orgânica que se complementam. Encontramos Cristo na *palavra* e no *sacramento*, por isso que toda a nossa vida deve ter também uma estrutura sacramental e ao mesmo tempo ser permeada pela Palavra de Deus. Naturalmente, você dirá, com razão, que "permeado pela Palavra de Deus" soa muito elevado. O que isso significa em termos concretos e como pode acontecer?

Dizendo em termos bem simples, isso só acontece se as Sagradas Escrituras proporcionarem alegria a você. E como podemos ter alegria com este grande livro? A alegria com alguma coisa surge ao lidarmos com ela. Por exemplo, eu mesmo sinto grande alegria com paisagens repletas de variações como florestas que se misturam com campos e charnecas, a vista de montanhas sobre um vasto campo encimado por nuvens brilhantes, riachos que serpenteiam pelos prados. Como alimento essa alegria? Saindo e caminhando sempre.

A situação da Escritura Sagrada é semelhante. Você precisa fazer uma viagem de descoberta nela, é preciso manejá-la. Quando eu tinha 22 anos, comecei a ler a Bíblia inteira, do começo ao fim. Eu não aconselharia fazer isso logo no começo porque tal projeto é semelhante ao que muitas pessoas fazem hoje, viajando de um ponto geográfico específico para outro, por exemplo, de Munique a Veneza através dos Alpes, não importando que haja rios e desfiladeiros, montanhas e geleiras no caminho. Sem dúvida, esta forma de explorar uma paisagem é extraordinariamente atraente e excitante, você faz descobertas que não se encontram em nenhum guia de viagem. Porém a aventura como essa não é isenta de riscos e por isso você precisa do equipamento certo.

Eu não aconselharia que você e sua esposa fizessem algo semelhante com relação à Bíblia. Basta ler o Evangelho de Lucas e os Atos dos Apóstolos. Ambos originalmente formavam uma única obra. Em seguida, talvez o Evangelho de Mateus. Depois disso, mergulhe no Antigo Testamento e leia o livro de Gênesis. São percursos mais curtos que os novatos podem gerenciar facilmente.

Claro, você precisa arranjar tempo para fazer isso. E, se há falta de tempo, existe outro método: versículos bíblicos selecionados para cada dia do ano. Na Internet, você encontrará uma variedade de ofertas como "Evangelho diário", "Versículo bíblico do dia", "Palavra de Deus para todos os dias" etc. Há também calendários destacáveis que oferecem para os todos os dias do ano um breve texto bíblico, geralmente apenas uma única frase. Você lê o texto pela manhã e depois passa o dia pensando nele. Assim, a Bíblia é oferecida de uma maneira proporcional e pronta para ler. Isso tem suas vantagens e seus problemas, pois é como pegar um teleférico até um belo cume. Você tem uma ótima vista, mas não caminhou explorando as montanhas.

Tenho certeza de que você entende o que quero dizer. Não tenho nada contra teleféricos ou contra travessias de Munique a Veneza! No entanto, para o início, eu recomendo caminhadas menores, administráveis. Você fará suas descobertas ao longo do caminho. Por exemplo, descobrirá que a Bíblia contém uma incrível riqueza de gêneros: narrativas, lendas, histórias dos patriarcas, listas, leis, diretrizes, fábulas, parábolas, sátiras, salmos, canções, poemas de amor, evangelhos, cartas, profecias, admoestações, lamentações, súplicas, agradecimentos, orações.

Essa diversidade de formas, quase inexistente no Alcorão, além de oferecer variações, corresponde a um amplo espectro de experiências por trás da Bíblia. No encontro com Deus, Israel foi como um campo de experimentações que ouviu, olhou, abriu-se a Deus e também se fechou para ele, tapou os ouvidos, murmurou, afastou-se dele. Queixou-se perante Deus, implorou, deu graças, contou os feitos de Deus, tornou-se a boca da criação. Todos esses estados mentais e atitudes de fala se refletiram em muitas formas diferentes de linguagem. Por trás da Bíblia está a experiência de séculos que foi testada, corrigida, atualizada e repassada adiante continuamente.

Por trás dela se encontram a dúvida, a crítica, o consolo, a devoção, a busca pelo conhecimento da vontade de Deus, a luta pela verdade. Na Bíblia há coisas errôneas que depois são corrigidas – amargura que é substituída por paciência e esperança; dúvida que é respondida com certeza. A Bíblia é um livro grande, indomável e assustadoramente belo, que reflete a luta de Israel pela vida correta e pela conduta certa diante de Deus. É uma conversa interminável com Deus. É isso que a torna tão excitante.

É claro, há textos que não são imediatamente compreendidos e que até mesmo nos deixam atônitos. Mas, se levarmos em conta que eles fazem parte da luta incessante do povo de Deus para descobrir a vontade de Deus, até mesmo essas passagens sombrias devem se abrir para nós.

Caro Sr. Westerkamp, você notou isso há muito tempo, não quero dar receitas acabadas sobre como você pode viver com a Bíblia. Eu não poderia fazer isso. Mas quero despertar em você o amor por este livro, a alegria da descoberta, a curiosidade, a persistência. A Bíblia é realmente a Palavra de Deus para nós, mas dita completamente por meio de palavras e textos humanos. Somente em Jesus a Palavra de Deus se revelou por completo, para sempre, e agora está no meio de nós. Mas se não percorrermos o longo caminho que Israel teve de percorrer até chegar a Jesus, também não chegaremos a Jesus hoje. Cordiais saudações! Cumprimente Hannah e sua querida esposa por mim.

38ª Carta

Viver dos mandamentos

Querida Sra. Westerkamp,

Minha penúltima carta sobre a vida com base nos sacramentos resultou numa conversa intensa entre você e seu marido. Os temas foram o Batismo de seu esposo e o reconhecimento religioso de seu casamento. Você mesma apoia essas ideias e pode imaginar tanto um como outro, além de estar pensando em Hannah. Seu marido hesita. Se ele prefere receber o batismo em silêncio, fora de uma celebração na igreja, isso não me parece um problema; mas eu recomendaria um casamento religioso. A alternativa de um reconhecimento posterior de seu casamento pela Igreja ocorreria silenciosamente de qualquer maneira e lhe daria, Sra. Westerkamp, a oportunidade de receber a Santa Comunhão. Mas sou a favor de deixar esse tópico descansar por enquanto, seu marido deve escolher com toda a liberdade e, para isso, deve dispor de tempo.

O tópico desta carta é "viver dos mandamentos". Sobre isso, um rabino judeu deveria lhe escrever, porque, no judaísmo, a vida com base nos mandamentos, mais precisamente a vida a partir da Torá, desempenha um papel crucial. Existe até uma festa específica chamada *Simchat Tora*, "alegria da

Torá". Ao longo de um ano, toda a Torá é apresentada no culto judaico, na festa *Simchat Tora* é a vez da última seção (Dt 33-34) e, ao mesmo tempo, do início (Gn 1-2). Dessa forma, a leitura da Torá nunca termina. O maior número possível de pessoas da comunidade judaica pode ler em voz alta neste dia e, em muitas sinagogas, dança-se em torno de um rolo da Torá ou com um rolo da Torá na mão.

Mas, afinal, é possível alegrar-se com leis e regulamentos? Claramente! Porque os judeus devotos fazem isso e o Antigo Testamento já o faz. No Saltério* há o Salmo 119, o salmo mais longo, que nada mais é do que uma longa meditação sobre como a Torá é preciosa e benéfica. Cito apenas um pequeno trecho deste louvor aos mandamentos divinos que parece não querer terminar:

> Percorro o caminho dos teus mandamentos,
> pois me abres o espírito.
> Senhor, indica-me o caminho dos teus decretos,
> e minha recompensa consistirá em observá-los.
> Dá-me entendimento e observarei a tua Lei
> e a guardarei de todo o coração.
> Conduze-me pelo caminho dos teus mandamentos,
> pois nisto encontro prazer (Sl 119,32-35).

Ao respeitar e seguir os preceitos da Torá de manhã à noite, o judeu devoto concentra toda a sua vida em Deus. Assim, esse modo de vida não se torna um fardo, torna-se alegria com Deus.

Um cristão pode simplesmente viver da Torá como um judeu? Certamente não! Ele vive de Cristo, foi unido a Jesus Cristo no batismo e vive da fé no Senhor crucificado e ressuscitado. Essa crença o liberta de toda culpa, cura e salva. É por isso que esta carta foi precedida por cartas sobre os sacramentos. Fé e sacramento são inseparáveis.

Jesus não se opõe à Torá, ele não a abole e não a substitui. Ele a cumpre e a completa. Isso significa que ele mostra a intenção dela e a concentra criticamente em seu centro. Isso é exatamente o que Paulo quer dizer quando afirma que todos os mandamentos estão resumidos no mandamento do amor (Rm 13,8-10). Portanto, o cristão também pode se alegrar com a Torá e, claro, com outros escritos do Antigo Testamento, conhecendo-a e amando-a.

Numa de minhas últimas cartas, escrevi sobre o exame de consciência diário. Certamente tem algo a ver com andar "no caminho dos mandamentos" e também com alegria pela lei de Deus. Se você achar difícil examinar sua consciência, você encontrará vários chamados "espelhos de consciência" no Livro católico de canções e orações, que podem ajudar no exame de consciência. Você não precisa ser escrava deles mas pode se inspirar neles. O seguinte espelho de consciência, que um bom amigo meu formulou, também pode ser um estímulo:

> Creio na bondade de Deus? Creio que ele guiará e sustentará minha vida se eu permitir?
>
> Eu confio que com Deus coisas novas podem acontecer em minha vida ou não acredito na ressurreição para uma nova vida na fé?
>
> Apenas sigo meus próprios pensamentos e ideias ou creio que Deus pode me dizer algo por meio de outras pessoas?
>
> Minha vida se resume a hábitos de *minha* escolha ou estou disposto a deixar minha vida mudar por causa do Evangelho?
>
> Alegro-me com os erros dos outros porque eles me fazem parecer maior?
>
> Tentei compensar as fraquezas dos outros ou relaxei-me neles e usei-os como desculpa para mim mesmo?

Eu me importo com a vida de outras pessoas ou sou completamente indiferente?

Permito, sem medo, ter clareza sobre minha vida ou me escondo atrás de meias verdades e ilusões?

Confio na bondade de Deus apesar do sofrimento e de coisas que ainda hoje não consigo entender?

Essa seria uma forma um tanto diferente e muito pessoal de espelho da consciência. É claro que, ao examinar a consciência, não devemos perguntar apenas sobre os pecados capitais como homicídio, adultério, furto, fraude e calúnia. Nossa vida com Deus e nossa vida baseada em seus mandamentos geralmente é tecida de maneira mais sutil e refinada. No entanto, até mesmo pequenas coisas podem nos levar na direção de Deus ou para longe dele. Sobretudo, é justamente a observância dos mandamentos nas pequenas coisas do cotidiano que nos dá uma alegria serena que ninguém pode tirar de nós. Cordiais saudações a todos.

39ª Carta

Viver da oração

Prezado Sr. Westerkamp,

O que escrevi em minha última carta sobre o exame de consciência deixou-o pensativo. Você pergunta se isso não cria uma consciência dos pecados que será um peso sobre as pessoas. E acrescenta que, em certos casos, restará apenas uma pessoa desalentada, que se sente inferior e que perdeu toda a alegria com a vida e com o mundo.

"Em certos casos" você está certo, ou seja, quando uma pessoa, por natureza, tende à depressão e autocensura de maneira demasiada. Nesse caso, um bom conselheiro talvez deva recomendar outros exercícios para ela. Mas, normalmente o exame de consciência e a confissão nos endireitam, dão paz e no tornam realistas nos ajudando a ser gratos. Em primeiro lugar, quero falar sobre gratidão nesta carta, porque a gratidão é a raiz mais profunda de todas as nossas orações.

Somos criados por Deus. Existimos única e exclusivamente porque ele nos quer e nos ama. Mas ele não criou apenas cada um de nós, criou um mundo ao nosso redor no qual existem inúmeras coisas que podem nos deleitar todos os dias como montanhas, vales, ar, nuvens, água, flores, animais, pessoas, a noite e o dia. Às vezes, recito para mim mesmo um poema "No final, a conta", de Lothar Zenetti:

É certo que um dia nos será
apresentada a conta
pela luz do sol
e o farfalhar das folhas,
pelos suaves lírios do vale
e os abetos escuros,
a neve e o vento,
pelo voo dos pássaros e a grama
e as borboletas,
pelo ar
que respiramos,
e o olhar para as estrelas
e por todos os dias,
tardes e noites.

Um dia chegará a hora
de irmos e pagarmos.
Por favor, a conta.

Mas não levamos em conta o dono:
convidei-vos, diz ele e ri
até onde a terra pode chegar:
Foi um prazer!

Mas aqui não se trata apenas daquilo que Lothar Zenetti lista em termos de sinais da criação. Estamos sempre no processo de destruir tudo o que Zenetti nomeia. É por isso que Deus – como já falamos – começou uma história contrária à nossa destrutividade, a história do povo de Deus. Também devemos ser profundamente gratos por essa história, e essa gratidão se torna oração.

Seu amor sincero por sua esposa, Sr. Westerkamp, não está apenas escondido no fundo do seu coração. Seu amor e gratidão devem se exteriorizar e alcançar sua esposa, precisam falar, precisam se expressar, encontrar palavras. É a mesma coisa com a oração. A oração mais importante é a oração de ação de graças, juntamente com o louvor a Deus.

Mas nem todos os dias o sol brilha e os lírios do vale exalam perfume. Há o gemido da natureza, a miséria do povo, a necessidade da Igreja. E é por isso que há súplica e lamentação. Você está admirado agora? Sim, é assim! Lamentar diante de Deus é uma oração verdadeira. A lamentação, por exemplo, "Não entendo tudo isso, ó Deus. Por que o Senhor permite isso? Por que não intervém? Por que nos atormenta assim? Não vê o que está acontecendo no mundo?" é uma verdadeira oração. De fato, se tal reclamação vem da fé, logo se transforma em pedido: "Por favor, ajude! Acabe com essa aflição! Mostre-nos o que podemos fazer! Salve teu povo e abençoe tua herança!". Os Salmos estão cheios de tais lamentações, e, repetidas vezes, elas se transformam em súplicas e agradecimentos.

Mas há outra oração, e talvez seja ela a mais profunda, que se tornou muito calma e serena, que simplesmente oferece a vida a Deus e, sem usar muitas palavras, lhe diz: "Só tu és o Santo. Só tu o Senhor. Toda glória a ti para sempre". É o que a igreja chama de "adoração".

Claro, muitas coisas sobre oração poderiam ser ditas. Deus precisa da nossa oração? Precisa de nossa adoração? Claro que não! Mas *nós* precisamos da oração para que vivamos com humanidade e não percamos o que somos. Porque tudo o que somos devemos a Deus. Ao adorá-lo, pedir e agradecer, realizamos o que somos: suas criaturas.

Muito mais poderia ser dito sobre a súplica. Deus só me ajuda porque lhe peço insistentemente ou seria o oposto? Ele não quer sempre me ajudar e não estou sempre no poder de sua afeição e amor?

Eu só preciso me abrir para seu amor auxiliador, e é exatamente isso o que acontece na súplica. Para ser franco, minha súplica não tem de mudar a Deus, mas a mim mesmo, para que eu me abra a Deus e ele possa agir sobre mim.

Caro Sr. Westerkamp, eu queria mostrar a vocês dois que, ao compreender quem somos, quem é Deus e o que devemos a ele, não podemos mais viver sem orar, a oração torna-se uma coisa natural para nós, a respiração da alma. E quem não respira mais...

Sei que não há fim para o tema "oração", há muito mais sobre o que falar. Vou encerrar minha carta e desejar-lhe que apenas ouse! Como sempre, as mais sinceras saudações a todos vocês!

40ª Carta

O pai-nosso

Cara Sra. Westerkamp,

Você está indignada com o recente ato de terrorismo islâmico na Espanha, em que uma van avançou contra uma multidão. Você me pergunta: "Que religião é essa que produz tais crimes?" Você naturalmente sabe que a maioria dos muçulmanos nunca faria tal coisa e rejeitaria esse tipo de violência.

No entanto, também não devemos ignorar o fato de que o Alcorão e a prática de Maomé representam aqui um problema constante. Nem o Alcorão, nem Maomé, nem a tradição muçulmana fazem uma distinção clara entre Estado e religião. Em vez disso, apoiam a ideia de um Estado que basicamente não conhece a liberdade religiosa ou que apenas a tolera de maneira limitada. Assim, a pessoa que vê a liberdade religiosa como algo profundamente absurdo pode facilmente ser tentada a atacar estranhos e pessoas de outras religiões.

Igualmente problemática é a posição do Islã sobre a violência. Há textos no Alcorão que apelam à violência e, acima de tudo, Maomé travou guerras. Por causa dessa situação, sempre pode haver grupos no Islã que intencionam instalar uma teocracia e propagar a violência contra todos os não muçulmanos em nome de sua religião.

Em contraste com isso, no Novo Testamento e na Igreja primitiva as coisas são perfeitamente claras. Há uma nítida distinção entre o povo de Deus e o Estado. São duas grandezas completamente diferentes que não devem ser confundidas (cf. Mt 22,21). A autoridade estatal tem a espada porque deve garantir a ordem na sociedade (Rm 13,1-6); o povo de Deus, por outro lado, está comprometido com a não violência. Se em séculos posteriores houve violência no âmbito da Igreja (por exemplo, em missões forçadas ou na perseguição de hereges), isso claramente era contra o Sermão da Montanha (cf. Mt 5,38-48) e em geral contra tudo o que Jesus viveu e ensinou.

Você pode ver isso belamente expressado no pai-nosso, sobre o qual eu gostaria de dizer algo nesta carta. No quarto pedido do pai-nosso rezamos: "O pão nosso de cada dia nos dai hoje!" Infelizmente, essa versão do quarto pedido não reproduz literalmente o que está escrito em Mateus 6,11 ou Lucas 11,3. A versão do quarto pedido, que é costumeira na Igreja, procura combinar as versões de Mateus e Lucas. Mateus é o mais originário aqui; nele, podemos ler: "O nosso pão – o de amanhã – dai-nos hoje!" Como entender este estranho pedido?

Só podemos entendê-lo se nos colocamos na situação dos discípulos naquele momento. Eles estão andando com Jesus. Viajam por Israel para proclamar o reino de Deus. De manhã ainda não sabem onde encontrarão alojamento para a noite. Não sabem se alguém lhes dará comida. É por isso que eles devem orar pelo pão para o dia *seguinte* que, de acordo com a contagem do tempo da época, começa já ao anoitecer. Então, nesse pedido oram para que sejam levados para uma casa ao cair da noite e que ali lhes seja dado algo para comer. Isso quer dizer que você não deve planejar, nem fazer provisões, nem levar suprimentos com você, nem ter medo do futuro, mas apenas se preocupar com o "hoje" (Mt 6,34).

Mas sabemos ainda mais sobre esta situação dos discípulos de Jesus, pois eles não estão apenas a caminho sem víveres (Lc 9,3), estão também sem ferramentas e sobretudo sem armas. Não lhes é permitido levar nem mesmo uma bengala ou roupas extras (Mt 10,9-10). Em contraste com os zelotes* judeus, os guerreiros de Deus da época, eles deveriam proclamar o reino de Deus com absoluta ausência de violência. Era isso que Jesus queria para seus discípulos.

Você deve me desculpar, Sra. Westerkamp, por lhe apresentar questões específicas relacionadas à interpretação do pai-nosso, mas essas questões são de grande importância. Elas mostram que, para Jesus, o uso da força está absolutamente fora de questão. Seus mensageiros peregrinam sem dinheiro, sem armas, sem qualquer equipamento, para deixar claro, de forma simbólica, que o reino de Deus vem sem violência e só pode ser aceito em liberdade. Qualquer um que violasse isso mais tarde na Igreja estaria tomando uma posição contra Jesus.

Exatamente a mesma atitude de Jesus é então mostrada no quinto pedido do pai-nosso: "Perdoa-nos as nossas faltas contra ti, como nós mesmos temos perdoado aos que tinham faltas contra nós!" As pessoas que tinham faltas deviam aos discípulos de Jesus, prejudicando-os, causando-lhes sofrimento. Por isso, os discípulos devem perdoar essas pessoas, devem se reconciliar com elas. Em outro lugar, Jesus diz que, se estamos em desacordo com alguém, devemos nos reconciliar imediatamente e em todas as circunstâncias (Mt 5,23s.). No pai-nosso, ele apresenta o motivo para isso. Deus perdoa os discípulos por todas as suas faltas e, em qualquer caso, eles também podem pedir-lhe isso, no entanto, eles devem fazer o mesmo pelos outros.

Neste contexto, também posso citar o segundo pedido do pai-nosso, no qual se implora pela vinda do reino de Deus: "Faze com que venha o teu Reinado!" Mas que tipo de Reinado é esse? Não é exatamente uma teocracia na qual o Estado prescreve a religião e na qual cultura, sociedade e religião são coextensivos. Pelo contrário, o Reinado de Deus que Jesus proclamou é a vinda de um mundo em que reinam a paz e a reconciliação, sustentado por uma coexistência de pessoas que querem servir a Deus em total liberdade e sem violência.

Como você pode ver, o pai-nosso, texto fundamental da fé cristã, é um claro compromisso com a reconciliação constante, a liberdade de crença e a não violência. Os discípulos enviados, a quem Jesus ensinou o pai-nosso, confiam que há pessoas que aceitam *livremente* o Evangelho do vindouro Reinado de Deus. E eles têm a confiança de que, à noite, eles serão levados por amigos e simpatizantes de Jesus para suas casas e receberão algo para comer lá, até que partam novamente no dia seguinte a fim de proclamar o reino de Deus também em outros lugares.

Mas eles não confiam apenas na ajuda de outras pessoas, confiam em seu Pai Celestial. No início dessa oração, eles se dirigem conscientemente a ele como seu "Pai". Isto é o que Jesus lhes ensinou. Há muito nessa palavra "pai": a profunda confiança de que aquele por quem deixaram para trás a própria família está cuidando deles. Eles podem estar despreocupados como as "aves do céu" e os "lírios do campo" (Mt 6,25-34).

Já falei muito sobre o pai-nosso. É claro que nós, que hoje fazemos essa oração, já não percorremos o país como os discípulos de Jesus para proclamar o reino de Deus. No entanto, estamos comprometidos com essa oração e somos sustentados por ela. Podemos viver da reconciliação, podemos confiar em nosso Pai Celestial para tudo e nunca devemos apostar na violência em nossa convivência. Cada vez que rezamos o pai-nosso, pedimos que venha o Reinado de Deus para todo o mundo, para que finalmente haja paz entre os povos.

Neste ponto, devo explicar dois detalhes menores sobre o pai-nosso. Primeiramente, o sexto pedido "Não nos introduzas na tentação!". Como Deus pode nos expor à tentação? A resposta é bem simples: "tentação" aqui é o mesmo que "prova". Deus pode levar as pessoas a uma situação de prova porque nossa fé deve afirmar-se, crescer e se tornar forte. Deus introduziu Abraão em tal situação (Gn 22,1); ele põe Israel à prova no deserto (Dt 8,2). Assim, todos os que querem seguir a Jesus devem afirmar o valor de sua fé (Rm 5,3-5). Porém, a sexta petição nos diz que Deus não introduz numa prova que seria muito difícil e diante da qual os discípulos sucumbiriam.

E o que dizer da primeira petição do pai-nosso, "Santificado seja o teu nome"? No antigo Oriente Médio, o "nome" significa a reputação de uma pessoa, sua autoridade, sua dignidade, sua honra, o respeito demonstrado a ela. Quando o povo de Deus está dividido, quando vive contra o evangelho, quando não se reconcilia e é violento, o bom "nome" de Deus é profanado e até mesmo destruído. Pois de que outra forma o nome de Deus pode ser grande no mundo se não for por meio das pessoas que ele criou para si mesmo no mundo, para que sua vontade seja feita entre os povos?

Prezada Sra. Westerkamp, talvez você já tenha uma ideia de quantas coisas há nesta breve oração que nós cristãos, ensinados por Jesus, podemos dizer. Esta oração tem um horizonte amplo e abrangente e vem das profundezas da história. Ela está enraizada no envio dos discípulos 2.000 anos atrás. Mas *nós* também podemos rezá-la. Podemos rezá-la quando também nos interessam a glória de Deus, a vinda de seu Reino e a credibilidade de seu povo. Nesse caso, podemos rezar essa oração que Jesus confiou aos seus discípulos e ela deve se tornar até mesmo uma pátria para nós. Desejo sinceramente essa pátria de fé e de oração a você e a sua família.

41ª Carta

O "Glória ao Pai"

Cara Sra. Westerkamp,

Indo direto a sua primeira pergunta: simplesmente não sei se os principais líderes do Islã um dia deixarão de igualar religião e Estado e não sei se um dia defenderão inequivocamente a liberdade e a não violência na fé. Certamente espero que sim. Mas não sei, porque o Alcorão não é, como a Bíblia, "palavra de Deus na palavra humana", mas teria sido ditado palavra por palavra por Deus.

E o fato de que Maomé, ao contrário de Jesus, usou violência não pode ser apagado da história. Jesus preferiu se deixar matar do que encorajar seus discípulos a usar a violência. A Pedro, que quer livrá-lo de ser capturado, ele diz: "Mete a tua espada na bainha!" (Jo 18,10s.). Os cristãos podem se guiar por isso. O Sermão da Montanha é claro.

Há também outro problema: o que é afinal "o" Islã? Onde ele tem uma voz clara e inequívoca? A Igreja Católica tem um magistério formado pelo Papa, pelos bispos, pelos concílios, todos eles interpretam as Sagradas Escrituras e a tradição da Igreja nas questões decisivas da fé. Onde o Islã tem essa interpretação clara e inequívoca?

Sua segunda pergunta é mais fácil de responder. Claro, quando você reza o pai-nosso, você não precisa ter em mente tudo o que eu disse em minha última carta sobre o significado dessa oração. Você pode rezá-la com bastante simplicidade e cheia de confiança em Deus, o Pai celeste. Ao pedir o pão, você não precisa necessariamente pensar nos discípulos e em suas andanças por Israel. Você pode pensar diretamente nas necessidades da Igreja hoje e nas necessidades de sua família. Acho que você entende o que quero dizer. Não precisamos nos ater às palavras ao rezar, mas abrir o coração para Deus. Apenas ocasionalmente precisamos trazê-las literalmente à memória.

Sobre sua terceira pergunta, você mais uma vez vasculhou o Novo Testamento e se deparou com a frase de Paulo em 1 Tessalonicenses 5,17: "Orai sem cessar!". Você pergunta, levemente irritada: "Como isso deveria funcionar?". Vou formular com um pouco mais de clareza o que você apenas insinua: Tenho marido, filha, tenho meu emprego, tenho minha casa. Em tudo isso, especialmente em meu trabalho como secretária, devo manter meus pensamentos concentrados. Em todas essas situações, posso rezar sem cessar?

Minha resposta: sim, você pode! O que Paulo quer dizer não é que você murmure orações continuamente, mas que há breves momentos ao longo do dia em que você pensa em Deus e eleva seu coração a ele. Há muitas oportunidades para fazer isso.

Você olha pela janela de manhã e vê o sol nascer; alegra-se ao vestir seu novo suéter; espera no ponto de ônibus; liga o computador e leva algum tempo para ele ficar pronto para uso; formula algumas linhas de texto e não avança mais; acabou de encontrar alguém que lhe deu um aceno de cabeça muito amigável; fez um jantar particularmente bom no domingo, como pode constatar na expressão facial dos outros, e assim por diante.

Portanto, sempre há momentos ao longo do dia em que podemos fazer uma breve oração de súplica ou agradecimento. Os outros nem precisam notar. E sempre há ocasiões em que podemos nos alegrar diante de Deus, em que podemos lamentar, pedir, suplicar, agradecer, louvar e até mesmo cantar. Mas também quero mencionar uma oração que você pode fazer de vez em quando: "Glória ao Pai e ao Filho e ao Espírito Santo. Como era no princípio, agora e sempre. Amém."

Esta oração que é muito antiga, remonta ao século IV, é uma confissão do Deus trino. Um louvor ao Pai que nos fez, ao Filho que nos libertou e redimiu, e ao Espírito Santo em quem vive a Igreja. Ao mesmo tempo, diz-se que este louvor pode sustentar e preencher toda a nossa existência, nunca deve ter um fim, e um dia ele será toda a nossa bem-aventurança. Eu mesmo digo este pequeno louvor muitas vezes durante o dia e espero que possa dizê-lo na hora da minha morte.

A propósito, quando rezo sozinho, sempre digo o "Glória ao Pai" da seguinte forma: "Glória ao Pai pelo Filho no Espírito Santo". Essa versão deixa mais claro do que na forma clássica que o Pai, Filho e Espírito se comunicaram para nós numa história real e que eles não estão simplesmente lado a lado sem nenhuma inter-relação, que são uma única comunicação na qual somos acolhidos.

Cara Sra. Westerkamp, é bom podermos dialogar sobre a oração. Os meus mais sinceros cumprimentos a toda a família.

42ª Carta

Comunhão dos santos

Caro Sr. Westerkamp,

Muito obrigado por sua carta e obrigado também por conversar com sua esposa sobre oração. Na verdade, não é tão fácil introduzir algo novo no dia a dia e na rotina de uma família.

Mas vou direto à sua pergunta sobre o ícone de Maria que Hannah recebeu em seu aniversário há dois dias. Claro que você deve pendurar o ícone na parede, parece ser uma peça antiga e valiosa. Você escreve que sua tia não dá peças *kitsch* de presente. Contudo, sua hesitação tem a ver fundamentalmente com a devoção católica mariana, não com estética. Você pergunta por que Maria desempenha papel tão importante. Existe, afinal, uma *adoração* inconsciente de Maria no catolicismo? Ela se tornou uma substituta das grandes deusas-mães dos antigos pagãos?

Em primeiro lugar, aprendi desde criança nas aulas de catecismo que Maria não é *adorada*, mas *venerada*. Mas, claro, isso realmente não responde a sua pergunta. Por que a devoção a Maria na Igreja Católica? A resposta é simples: a Igreja quer levar a sério a frase do Salmo que, segundo Lucas 1,48, foi pronunciada por Maria: "Doravante todas as gerações me proclamarão bem-aventurada". No entanto, Maria não é abençoada por causa de seu poder e grandeza, mas pela afirmação: "o Todo-poderoso fez por mim grandes coisas" (Lc 1,49). Claro, pode haver abusos e exageros na devoção a Maria. Mas na base temos o simples fato de que ela é a mãe de Jesus. Quando tenho um bom amigo, também respeito e valorizo sua mãe. Deveria ser diferente em relação a Jesus? Claro, há muito mais coisas no caso dele.

De acordo com a descrição em Lucas 1,26-38, Maria responde ao anúncio do anjo com a frase: "Eu sou a serva do Senhor. Aconteça-me segundo a tua palavra". Não precisamos entender toda a cena como um relato histórico, também não temos que fixar a frase "Será feito segundo a tua palavra" em termos de um tempo específico. Em todo caso, devemos levar essa frase a sério como uma declaração da existência de Maria; caso contrário, perderíamos a verdade da Bíblia. Com toda a sua existência, Maria deve ter sido um sim puro, irrestrito, incondicional à vontade de Deus. Ela deve ter se tornado uma "serva" diante de Deus por toda a vida. Maria casou-se com a vontade de Deus, mesmo que esta permaneça obscura para ela, ainda que tenha se tornado uma espada que trespassou sua alma (Lc 2,35). Se o seu "sim" tivesse sido apenas um "meio sim", a palavra eterna de Deus não poderia ter se tornado um ser humano nela.

Desta forma, porém, Maria tem um papel essencial na história da nossa salvação. Seu "sim" tornou Jesus Cristo possível. Somos profundamente gratos a ela por isso. Nós a vemos como imagem do povo crente de Deus e como epítome de muitas pessoas em Israel que esperavam pela ação definitiva de Deus.

Essas informações não mudam nem um pouco o fato de que adoramos e damos toda glória somente a Deus. Mas não estamos sozinhos nisso, nós o fazemos juntamente com Maria e em profunda gratidão por Deus nos ter oferecido essa irmã e mãe.

No entanto, toda a questão tem um alcance muito maior do que parece à primeira vista. Li as seguintes frases de um teólogo protestante: "É claro que devemos dizer não quando Maria, a mãe de Jesus, é elevada ao papel de porta-voz, auxiliadora e mediadora. Nós, como filhos e filhas de Deus, podemos e devemos orar *diretamente* a Deus, o Pai de Jesus Cristo". O que podemos dizer sobre isso?

Naturalmente, os cristãos podem e devem "orar diretamente" a Deus Pai. Não há dúvida sobre isso, e é uma coisa óbvia para todo cristão. Porém, isso é apenas meia verdade. O que é negligenciado aqui é a visão da pessoa *inteira*, de sua história e de tudo que a torna especial. Dependemos dos outros, desde o momento em que nascemos até a morte. Já falei sobre isso numa carta anterior, dependemos de representantes que nos ajudem a nos tornar humanos lentamente, a podermos existir como seres humanos. E isso não se aplica apenas à nossa existência física, também se aplica à nossa fé. A fé é um dom de Deus, é pura graça, mas é *transmitida* a nós por nossos ancestrais, por nossos pais ou por pessoas que conhecemos, e, por fim, pela Igreja. Temos muitos representantes, e isso ocorre também na fé.

O "viver por representantes" também poderia ser chamado filosoficamente de "ser-com" ou "participação" e é uma constante fundamental da existência humana. Foi assim que Deus nos quis, não somos almas solitárias cuja relação com Deus poderia ser expressa na frase: "Deus e a alma, a alma e seu Deus". Toda a Bíblia, toda a história da salvação reflete este constante fato de pessoas que nos representam: Abraão, Moisés, os profetas, Maria, Jesus. Sem Abraão, sem Moisés e sem a longa história de Israel com seus incontáveis crentes, Jesus não teria sido possível. Portanto, todos eles fazem parte da nossa fé, e é por isso que Maria é parte indispensável da nossa fé.

Quando falamos sobre o Deus trino, salientei que somos "pessoas" no sentido pleno apenas por meio do relacionamento com inúmeras outras pessoas. Nossa personalidade é constituída por uma rede de "relações" com os outros. Alguns desses outros já morreram, mas as relações permanecem e fazem parte de nossa vida. A tradição da Igreja chama de "comunhão dos santos" esta coexistência altamente complexa de vivos e falecidos que se apoiam uns aos outros na fé.

Dirigir-se aos santos por sua intercessão é, portanto, a concretização de uma constante fundamental de fé, nada mais é do que a realização consciente do dom de participar na fé de Abraão, na fidelidade dos profetas, no exemplo dos santos, no "sim" de Maria.

O protestantismo teve razão em enfatizar tão fortemente o "somente Deus", o "somente Cristo" e o "somente pela graça", pois a devoção popular sempre ameaça proliferar-se e afundar-se numa mera religião. Mas, em seu zelo, suprimiu, ocultou ou esqueceu a constante básica da existência humana, à qual a tradição católica sempre aderiu, de a vida diante de Deus, a fé em Deus e a oração só existem no ser-com; só existem numa rede de diversas representações. Também podemos orar a Deus Pai somente "por Cristo, com Cristo e em Cristo", como formula acertadamente a grande doxologia* no final de toda oração eucarística; e, como Paulo já sabia, (Rm 1,8; 7,25) nisso já existe, portanto, a mediação.

É claro, em nossas orações a Deus não precisamos ter em mente que estamos orando a ele "por meio de Cristo". No entanto, às vezes, de tempos em tempos podemos nos lembrar disso. É o que a liturgia* faz incessantemente quando toda oração* clássica termina com a fórmula "...por Cristo nosso Senhor". Esse foi apenas o exemplo mais importante e central de como sempre oramos "por mediação". No caso de Maria, algo semelhante se aplica em outro nível, mas não é a mesma coisa. Em que sentido Maria é "mediadora"?

Definitivamente não no sentido de uma secretária que decide se alguém pode ver o chefe ou não. Ela também não pertence à categoria dos *amici*, sem a qual, como se sabe, a economia de certos países não pode funcionar porque é preciso simplesmente ter "conexões". Em vez disso, ela se encontra num ponto crucial na história da salvação pelo sim que todos devemos dizer diante de Deus se crermos, e só podemos dizer este "sim" se nos juntamos ao "sim" de Maria. Nesse sentido, ela é também uma mediadora de Jesus.

Portanto, Maria não é apenas a mãe *de Jesus*, mas também *nossa* querida mãe. E é por isso que podemos pedir por sua intercessão junto ao seu filho, como ocorre, por exemplo, numa oração cristã muito antiga que remonta ao início da Idade Média. Sua primeira parte é inteiramente bíblica, consiste na palavra do anjo a Maria (Lc 1,28) e na saudação com que Isabel dá as boas-vindas aos parentes (Lc 1,42). Alguns séculos depois, um pedido final foi acrescentado a esta primeira parte da Bíblia:

Ave Maria, cheia de graça,
o Senhor é convosco.
Bendita* sois vós entre as mulheres
bendito é o fruto do vosso ventre, Jesus.
Santa Maria, mãe de Deus,
rogai por nós, pecadores,
agora e na hora da nossa morte.
Amém.

Esta é uma bela oração. Simples, humilde, realista. *Não devemos rezá-la porque somos cristãos*, mas podemos rezá-la. Ela nos põe na grande comunhão dos santos e termina de forma bastante realista com um olhar para a morte e a hora da morte. Esse olhar para a morte deve ser meu próximo tópico. Saudações calorosas para você, sua esposa e Hannah. Você poderia também "transmitir" a ela meus parabéns atrasados por seu aniversário? (Oh, meu Deus, novamente a mediação!).

43ª carta

O que vem depois da morte?

Prezada Sra. Westerkamp,

Como estão todos vocês? Não recebi resposta à minha última carta. A família inteira provavelmente está de férias. Mas vou continuar com minhas cartas. De alguma forma, sinto-me compelido a terminar a travessia pelos grandes temas da fé cristã. Minha última carta terminou com a "Ave, Maria" e essa oração, por sua vez, termina com um olhar sobre a morte. Não é digno de nota que a hora da morte seja lembrada toda vez que rezamos?

É verdade, as pessoas pensam mais na morte hoje do que no passado. Há muitas mulheres e homens que pensam em morrer com dignidade. Olham conscientemente para sua morte e discutem com seus familiares o que deve acontecer em caso de demência crescente ou em situação de coma prolongado, outros se engajam nos cuidados paliativos.

No entanto, faz-se pouca reflexão sobre o "depois". O antigo processo de repressão continua inabalável e, para muitas pessoas, o que vem depois da morte é completamente estranho. Não se fazem essa pergunta, mas a suprimem tão logo surge. Isso é estranho, porque incontáveis coisas dependem da resposta a ela.

Se após a morte viesse o nada, as grandes questões de nossa vida permaneceriam para sempre sem resposta. Mais ainda, as inúmeras pessoas estupradas, torturadas até a morte, as apagadas da história nunca teriam de volta sua vida e sua honra. E aqueles que as oprimiram brutalmente, que apenas exploraram, atormentaram e humilharam, acabariam por ter razão. Viveríamos, então, num mundo absurdo. Somente a crença bíblica de que existe um Deus que julga, que faz justiça, que restaura a dignidade dos oprimidos pode dar uma resposta real a essa questão.

Uma resposta totalmente inadequada de muitos contemporâneos é a ideia de que viveriam em seus filhos após a morte. Claro, é verdade que o bem que fizemos permanece naqueles que vêm depois de nós. Infelizmente, as coisas ruins que fizemos também sobrevivem. E isso não fornece solução à questão dos direitos dos estuprados e oprimidos que viveram milênios *antes de* mim, a resposta de que *eu* vivo em meus filhos com o bem que fiz não ajuda em nada aquelas pessoas.

A noção de que continuaríamos a viver após a nossa morte em novos renascimentos ou reencarnações* também é insuficiente. Essa ideia não faz jus à seriedade da nossa existência. Se minha vida consiste numa longa cadeia de renascimentos, sempre posso tomar novas decisões, posso reverter todas as decisões novamente, nunca preciso me comprometer realmente porque ainda tenho infinitas possibilidades de auto-otimização pela frente. Isso coaduna com a arbitrariedade e o medo de vínculos de hoje mas contradiz a natureza humana. Nossa dignidade reside no fato de que podemos estabelecer vínculos, de que somos fiéis ao que sabemos ser certo, escolhemos o bem e o justo aqui e agora, desse modo conferimos uma face melhor ao mundo. Isso não pode e não deve ser adiado.

Finalmente, a ideia de muitos contemporâneos de que, após a morte, eles seriam integrados à natureza ou ao universo é completamente insuficiente. Sua energia vital fluiria para flores, árvores e muitas outras criaturas, até mesmo para o cosmos ou para uma consciência geral do mundo. Podemos realmente permanecer sérios quando lemos como uma perspectiva futura do ser humano: "Você é então o gato que mia; a árvore cujas folhas farfalham ao vento; a pedra na corrente do rio; a estrela no céu; o brilho no cabelo de uma mulher que viverá daqui a 1000 anos"? Essa é a mensagem, sempre com novas variações, em numerosos textos esotéricos.

Vamos tentar ser sérios pelo menos uma vez! Diante da solução que acabamos de apresentar, devemos ao menos nos perguntar se a evolução biológica e cultural dos humanos não foi na direção oposta. Ou seja, ela estaria se direcionando para uma consciência cada vez maior, para uma libertação de meros instintos e compulsões, para a emancipação do poder superior do coletivo, para o processo de tornar-se pessoa e para uma compreensão cada vez mais forte de que cada indivíduo é insubstituível? O desenvolvimento humano não leva à perda de toda a individualidade; em vez isso, leva a reconhecermos os outros como pessoas e a nos tornarmos pessoa cada vez mais profundamente. O ser humano se destina ao encontro, é justamente para esse objetivo que ele se dirige há milhares de anos.

Portanto, somente a fé bíblica faz justiça à natureza humana; nela está a crença de que na morte encontraremos Deus, que é pessoa em grau supremo e não energia cósmica difusa. Em nossa morte encontraremos Deus e também nos encontraremos completamente a nós mesmos pela primeira vez, mas isso será discutido com mais detalhes nas cartas seguintes. Saúdo todos vocês de coração, na comunhão da esperança cristã.

44ª carta

Diante da face de Deus

Cara Sra. Westerkamp,

Ainda nenhuma mensagem sua! Isso é absolutamente fora do comum! Mas, de qualquer modo, vou continuar. "O ser humano se destina ao encontro" foi o que escrevi em minha última carta. Mais que isso, está destinado a ir ao encontro do Deus vivo, que o criou, que o manteve vivo, que o guiou e o cobriu com seus dons. Na morte, definitivamente encontraremos Deus.

A palavra "definitivamente" é crucial aqui. Porque já no presente encontramos esse Deus de diversas maneiras. Nós o encontramos na alegria e na aflição de nossa oração; nas celebrações nas quais tentamos olhar para ele e agradecer a ele; em cada serviço que prestamos aos outros e em cada boa conversa que temos com outras pessoas.

Mas em todos esses encontros, Deus permanece oculto para nós. Ele parece silencioso, como se nos iludisse o tempo todo, nunca podemos retê-lo, nunca podemos dizer que o conhecemos. Estamos sempre caminhando novamente para ele, sempre recomeçando. Encontramos Deus de muitas maneiras, mas nunca chegamos a um fim com ele. Quando rezamos, a nossa maior dificuldade é exatamente falarmos rompendo um silêncio constante. Nossa oração deve ser uma conversa com Deus, mas, aparentemente, o interlocutor está em silêncio. Digo "aparentemente" porque, na realidade, Deus nos dá uma resposta – às vezes imediatamente, às vezes só mais tarde – muitas vezes em pequenos sinais que podem ser ignorados. Ele certamente fala conosco, mas a ocultação permanece.

Apesar disso, na morte finalmente encontraremos Deus, o Deus de nossas orações, o Deus de nosso anseio, nossa esperança e nossa fé. Quando falamos de "céu", não nos referimos a algumas coisas bonitas que estão esperando por nós lá. O céu nada mais é do que o encontro com o próprio Deus que, então, brilhará diante de nós. Ninguém pode descrever como será isso. No máximo, podemos recordar momentos de nossa vida em que de repente ele sobreveio a nós, quando as escamas caíram de nossos olhos, quando de repente reconhecemos conexões de que não suspeitávamos antes. Ou aquelas situações em que gostaríamos de dizer "Fique um pouco mais! É tão agradável sua presença!", instantes cheios de esplendor e felicidade que passaram rápido demais.

O fato é que essas comparações são tentativas de definição inúteis, sem efeito perante o abalo do encontro real com Deus. Em nossa morte encontraremos o Deus infinito e perceberemos como ele sempre esteve próximo de nós, até mesmo nas horas em que pensávamos que ele estava longe. Veremos como Deus é grande e santo, incomensuravelmente maior e mais santo do que a imagem que tínhamos dele. Deus brilhará diante de nós com tanta grandeza e santidade que, a partir de então, preencherá toda a nossa percepção, todo o nosso pensamento e todo o nosso ser de forma definitiva e para sempre.

Com isso, o termo "descanso eterno", que nós cristãos gostamos tanto de usar para a vida com Deus, parece-me um pouco questionável. O encontro com Deus não é um descanso eterno, mas uma vida tremenda, de tirar o fôlego. Na Igreja Católica é um costume estabelecido rezar pelos mortos. Por exemplo, com as frases:

> Dai-lhes, Senhor, o descanso eterno.
> E que a luz perpétua os ilumine.
> Descansem em paz.
> Amém.

O conceito de "descanso" é bastante bíblico, assim como o conceito de "luz perpétua" (Is 60,19). No fundo da imagem do "descanso eterno" geralmente se encontra o descanso de Israel quando finalmente entra na terra desejada e todas as promessas são cumpridas (Dt 3,20). No entanto, "descanso" também pode ser mal interpretado, pode-se pensar em exaustão, sono, silêncio sepulcral, paralisação. E não se trata disso. Portanto, modifico privadamente essa antiga intercessão por nossos mortos e rezo: "Dai-lhes, Senhor, a eterna alegria da Páscoa!"

Mas tudo isso não passa de imagens. Podemos dizer com Paulo que veremos Deus "face a face" (1 Cor 13,12) e, perante essa visão, todas as imagens e experiências que já tivemos se ofuscam. Penso em todos vocês e eu os saúdo cordialmente.

45ª Carta

O Juízo

Cara Sra. Westerkamp,

Agora sei finalmente qual foi o motivo do seu longo silêncio: você simplesmente não conseguiu mais enviar cartas. Sinto muito pelo que você me escreveu. Pela primeira vez em seu casamento, vocês estão passando por uma crise na qual ambos não se entendem mais. A convivência tranquila entre você e seu marido, que era natural havia anos, de repente chegou ao fim. Não há mais conversa entre vocês dois e Hannah está com o coração partido.

Sobre o problema que deflagrou tudo e que continua a dominar a situação, não posso aconselhá-la. Não tenho condições de avaliar a importância da posição profissional que tão surpreendentemente foi oferecida ao seu marido. Também não posso julgar o que significaria para você, nem para Hannah, desistir de seu emprego, vender o apartamento que herdou de seus pais e mudar-se para uma região completamente nova. Muito menos poderia dizer algo sobre a alternativa sugerida por seu marido de se ausentar a semana toda e só voltar para casa aos sábados.

Tudo o que importa é que vocês dialoguem. Você não deve ficar calada. Mas mesmo assim não posso dar nenhum bom conselho. Espero e rezo por uma solução. E continuarei com minhas cartas. Você não precisa responder.

Eu havia falado do encontro com Deus na morte. Será um encontro incrível que nos dominará por completo. Por um lado, o homem ímpio e culpado, por outro, o Deus santo. Esse encontro torna-se julgamento para nós.

Quando encontrarmos Deus na morte, veremos pela primeira vez com total clareza quem realmente somos. Deus não precisa nos julgar à frente de um tribunal; ele não precisa falar conosco como juízes humanos falam com o acusado; não precisa nos dizer que você cometeu erros terríveis nisso e naquilo, que deve reprová-la por isso e aquilo, que você é culpada aqui e ali, que deve condená-la.

Não existirá um tribunal nesse sentido. No encontro com o Deus santo, nossos olhos se abrirão para nós mesmos. Vamos perceber quem realmente somos. Não só encontraremos Deus, mas, pela primeira vez em nossa vida, encontraremos a nós mesmos de forma plena e com absoluta clareza. Julgaremos a nós mesmos e condenaremos o mal dentro de nós. O encontro com Deus torna-se autojulgamento para nós.

Quando os teólogos hoje falam do juízo na morte ou do chamado "Juízo Final", o termo "autojulgamento" desempenha um papel decisivo. Deus não julga "de cima" ou "de fora", também não nos pune; nós mesmos nos tornamos juízo e punição para nós.

Claro, ainda seria insuficiente se apenas disséssemos que pronunciamos nossa própria sentença em face do Deus santo. Nós também a pronunciamos em face das "vítimas" que produzimos, que, na morte, entram implacavelmente em nosso foco: os muitos que não ajudamos quando poderíamos ter ajudado; os muitos que poderíamos ter confortado e não confortamos; aqueles para quem poderíamos ter sido uma imagem da fé, mas não fomos; todos aqueles a quem negligenciamos, decepcionamos, envergonhamos, desprezamos, exploramos, desencaminhamos ou enganamos. Todos eles aparecerão diante de nós na morte, olharão para nós e também serão nosso julgamento. Devemos até assumir que, quando encontrarmos nossas vítimas no juízo, reviveremos todo o sofrimento que lhes infligimos.

E assim o encontro com Deus na morte será o encontro com a verdade sobre Deus, a verdade sobre o mundo, a verdade sobre nós mesmos. Nesse sentido, pode-se até esperar o julgamento, pois a verdade é algo pelo qual se espera. Eu mesmo espero que um dia haja clareza em toda a escuridão da minha vida; que eu fique sabendo, por exemplo, o que eu queria verdadeiramente com minha vida. Espero que o nebuloso e o crepuscular ganhem contornos claros; que o emaranhado de culpa e inocência seja desvendado; que o realmente bom seja visível, o ambíguo seja esclarecido, o bem aparente seja desvendado e o mal em mim seja revelado; que todas as coisas divergentes, dispersas e díspares da minha vida sejam reunidas e trazidas à presença de Deus.

O esclarecimento em face da verdade onipresente de Deus deve ser algo totalmente libertador e talvez seja precisamente nesse esclarecimento que a incrível misericórdia de Deus é revelada. Gostaria de escrever sobre ela em minha próxima carta.

Cara Sra. Westerkamp, caro Sr. Westerkamp, não se assustem com o fato de que tal crise possa surgir depois de todos os anos de sólida união entre vocês. Pode ser bom se ambos forem misericordiosos um com o outro e pedirem a Deus por ajuda e pelo correto discernimento. Tenham paciência um com o outro! Cumprimento-os pleno de confiança.

46ª carta

A misericórdia do juiz

Caro Sr. Westerkamp,

　　Tanto no Antigo quanto no Novo Testamento, diz-se com frequência que Deus julga o mundo com justiça. Afirmações sobre Deus como um juiz severo e punitivo percorrem toda a Bíblia. Nela se fala até mesmo da "ira de Deus". Como isso se coaduna com sua misericórdia?

　　É necessário saber o que significa essa ira na Bíblia. Deus não pode fechar os olhos diante da injustiça e do mal no mundo, pois o mal é um ataque a sua criação, uma tentativa de destruir o mundo, e, certamente, ele não pode deixar intocada a injustiça no povo de Deus. Israel deveria ser o instrumento da ajuda de Deus para o mundo, portanto, ele deve agir e estabelecer a justiça. Isso é o que se entende por "ira de Deus". Trata-se de uma *ira judicial*, que busca a justiça e pretende restaurar o mundo.

　　Além disso, a Bíblia pode dizer que a ira de Deus não cessa, ela entra em colapso. A compaixão de Deus "se inflama" (Os 11,8). Essa inversão da ira em misericórdia, do julgamento em salvação, ocorre em muitos textos do Antigo e do Novo Testamento. À infidelidade e rebelião de seu povo, Deus responde com fidelidade. Seu coração bate por Israel; ele deve ter misericórdia de seu povo. Assim diz Isaías 54,6-8 (aqui o povo de Deus é equiparado a uma mulher e uma esposa):

"A mulher dos jovens anos, verdadeiramente seria ela rejeitada?", disse o teu Deus. Por um breve instante, eu te havia abandonado, mas sem trégua de ternura, vou te congregar. Num transbordar de ira, eu havia escondido meu rosto, por um instante, longe de ti, mas com uma amizade sem fim eu te manifesto a minha ternura, diz aquele que te resgata, o Senhor.

Aqui poderiam ser mencionados muitos outros textos do Antigo Testamento em que a ira judicial de Deus se transforma em misericórdia. Jesus conhecia todos esses textos. Ele os pressupunha. Tal como nos profetas, nele também há o anúncio do julgamento, porém a corrente básica de sua pregação é o anúncio da salvação transbordante. Na parábola do filho pródigo (Lc 15,11-32), Jesus defende sua atitude em relação às pessoas que fracassaram não apenas em sua fé, mas em toda a sua existência. Ele vai ao encontro delas e as acolhe ao novo que está acontecendo em Israel, assim como age o pai na parábola. O filho pródigo não precisa expiar seu fracasso, não precisa pagar a fortuna desperdiçada trabalhando como servo; ao contrário, seu pai imediatamente o coloca de volta em plenos direitos de filho e uma festa é celebrada.

Caro Sr. Westerkamp, essa é uma das grandes parábolas da literatura mundial, penso que seria bom se você a lesse novamente (junto com sua esposa?). Acho que já a recomendei em carta anterior. No "além de toda a história", Deus pode agir de forma diferente do modo descrito por Jesus nesta parábola?

Para o comportamento do povo de Deus, Jesus exige uma vontade ilimitada de perdoar, uma prontidão para o perdão sem restrição e sem pré-condições. Será que o próprio Deus ficaria aquém de tal perdão? "Quando o meu irmão cometer uma falta a meu respeito, quantas vezes lhe hei de perdoar? Até sete vezes?" A resposta de Jesus: "Eu não te digo até sete vezes, mas até setenta vezes sete vezes" (Mt 18,21s.). Isso quer significa sempre, sem restrição, sem pré-condição. Mas, sendo Jesus a definição de Deus, sua imagem, o reflexo de seu ser, o que decorre disso?

Podemos, portanto, ter a confiança de que encontraremos na morte um Deus benevolente e misericordioso. A bondade de Deus não apenas acompanha nossas vidas; ela será revelada a nós mais ainda quando finalmente encontrarmos Deus, quando nossos olhos se abrirem e tivermos de reconhecer nossa própria impiedade e dureza. Será nessa ocasião que precisamente Deus nos encontrará como o Pai misericordioso da parábola. Ele não perguntará por culpa ou retidão, mas nos atrairá para si em infinita alegria. Esta será a experiência real da nossa morte: o amor, a bondade e a misericórdia de Deus. Cumprimento a ambos, repleto de confiança.

47ª Carta

Unidos com o Ressuscitado

Cara Sra. Westerkamp, caro Sr. Westerkamp,

Ontem à noite recebi seu longo e-mail. Que coisa! Vocês contam em detalhes como o nó duro se desatou gradualmente. Mas eu tinha certeza desde o início de que vocês voltariam a ficar juntos e também tinha certeza de que sua filha Hannah faria o papel principal nisso. Antes, com seu desejo urgente de batismo e comunhão, ela havia colocado algumas coisas em movimento, agora fez isso novamente. Sintam-se felizes por terem uma filha como Hannah!

Sr. Westerkamp, acho que você não vai perder nada. Pelo contrário, ganhou muito. Sua frase crucial "Minha família é mais importante para mim do que minha carreira" provará ser uma bênção. Basicamente, ela já se mostrou uma bênção porque algo novo aconteceu não apenas com você, mas também com sua esposa. Você mesmo cedeu ao desejo de sua esposa e ela própria precisava entender isso, além de também entender que desistir da ascensão profissional não é de maneira alguma uma deliberação óbvia. Vocês enfrentaram uma decisão muito difícil.

Só depois de certo tempo podemos ver em retrospecto que tais decisões foram corretas. Mas isso termina ficando muito claro, pois você escreve: "Nós dois mudamos como resultado desse conflito. Estamos apaixonados como éramos há dez anos. Apenas de maneira diferente e, na verdade, ainda mais bela e peculiar! Deve haver algumas sinapses ocultas entre nossas almas. Nós dois dissemos espontaneamente um ao outro que queríamos outro filho".

Mas não vou falar mais sobre isso! Continuarei o assunto das minhas últimas quatro cartas. Tentei delinear o que acontecerá a cada um de nós na morte: o encontro com o Deus vivo. Esse encontro torna-se julgamento para nós precisamente porque encontramos todo o amor de Deus, pois só o amor puro e abnegado nos dá a força de nos vermos corretamente e de nos deixarmos transformar à luz de Deus. Vocês mesmos experimentaram isso nos últimos dias.

Mas devo acrescentar uma última afirmação a tudo o que disse sobre o encontro com Deus na morte, e é uma afirmação absolutamente crucial. Se até agora falei da morte apenas como encontro *com Deus*, foi por simplicidade. Mas foi um atalho! O modo abreviado com que me expressei deve finalmente ser corrigido. Na morte, não encontraremos simplesmente Deus, mas também Jesus ressuscitado.

Pois tudo o que eu disse até este momento sobre o encontro final do ser humano com Deus é exposto no Novo Testamento como um encontro com Jesus. Nossa morte é o grande encontro definitivo com ele; *ele* aparecerá diante de nós como crucificado, o Crucificado em poder e glória; *ele* julgará o mundo; *ele* é a graça justificadora de Deus; *ele* prometerá a vida eterna, *ele* transformará nosso corpo decaído à semelhança de seu corpo glorificado. Tudo isso diz o Novo Testamento sobre Jesus Cristo.

Então, há uma coexistência "paralela" de Deus e Jesus nos eventos finais? Não! Se queremos ser precisos, devemos dizer que encontraremos Deus *em Jesus Cristo*. Nele, Deus brilhará diante de nós. No rosto de Jesus veremos o rosto de Deus. No encontro com ele experimentaremos o julgamento de Deus. Nele, Deus nos confortará com sua misericórdia redentora. Nele, somos acolhidos na vida do Deus trino.

Se alguém perguntar, para além das simples afirmações do Novo Testamento e da tradição, por que isso é assim, a resposta só pode ser: porque também foi assim na história. Deus falou aos Pais muitas vezes e de variadas maneiras; mas ele disse sua última, final e insuperável palavra em Jesus Cristo (Hb 1,1-2). Nele, Deus tornou-se manifestação e presença últimas neste mundo. Nele, ele se expressou plenamente e se vinculou ao mundo definitivamente. Nele, o sim amoroso de Deus ao mundo e ao homem foi revelado definitivamente e para sempre. A partir de então, quem quisesse saber quem era Deus deveria olhar para Jesus. Quem o viu, viu o pai. Quem o encontrou, encontrou o próprio Deus (Jo 14,6-11).

Contudo, se autocomunicação de Deus é, em Jesus, definitivamente inserida em nossa história e se a história terrena não continua simplesmente no Além, mas encontra ali sua definitividade permanente em que se acolhe tudo o que sempre foi essencial na história terrena, então Jesus Cristo será também nosso real encontro com Deus na vida após a morte de toda a história. Ele será, então, por toda a eternidade, o que já foi aqui na terra, isto é, aquele em quem a vida nos é dada; aquele em quem Deus nos fala a palavra eterna de seu amor.

Talvez este seja o mistério mais profundo e mais belo da fé cristã: Deus aceitou tanto a nós humanos, ele ama tanto o mundo, que nunca encontraremos Deus de outra maneira senão no Encarnado, assim encontramos Deus no coração de um ser humano para todo o sempre. Saúdo a todos vocês com alegria por tudo o que lhes aconteceu e por tudo o que estão planejando. Ah, eu os entendo muito bem!

48ª Carta

A conclusão da criação

Caro Sr. Westerkamp,

Você realmente me encheu de perguntas. Mais que tudo, pede informações sobre o purgatório*, depois sobre a ressurreição da carne e, claro, sobre o inferno. Não sei de onde você tirou todas essas palavras-chave. De alguma missa? Da *internet*? (Como eu sei, você gosta de fazer pesquisas com frequência.) Mas não tem a mínima importância saber de onde vêm suas perguntas. A resposta é a que segue.

Basicamente já respondi à pergunta sobre o purgatório anteriormente. Numa de minhas últimas cartas falei sobre o Juízo. Na morte, o ser humano, que não é santo, põe-se diante do Deus santo ou, para ser mais exato, ele se põe perante Cristo. Isso significa total revelação e esclarecimento de tudo o que está no ser humano. Quem se observa a si mesmo com sobriedade conhece a ambivalência, a justiça própria, a autoafirmação e a autodepreciação que há dentro de si, mas igualmente o medo, a desconfiança, a rigidez e a mentira também dentro si. Tudo isso é revelado, esclarecido, purificado e transformado à luz do amor de Cristo. Isso é profundamente doloroso, porém, ao mesmo tempo, é sustentado pela alegria de estar com Cristo. Eu havia falado de "autojulgamento" e do fato de que todas as pessoas que ferimos em nossas vidas também estarão diante de nós na morte e que teremos de sofrer com o sofrimento delas. Tudo isso é nosso purgatório, é nossa purificação.

Naturalmente, o que é decisivo neste processo de purificação, que não ocorre em escalas terrenas de tempo, é que a decisão fundamental da pessoa em questão, mesmo antes de sua morte, tenha sido orientada para o bem, para a verdade, para os outros e, por fim, para Deus.

Em seguida, você corretamente indagou a respeito da ressurreição da carne. "Carne" no significado dado aqui não nos é familiar. Quando ouvimos o termo "carne", pensamos em açougues ou numa praia cheia de corpos em busca de sol. Na Bíblia, contudo, "carne" muitas vezes significa mais do que apenas "corpos" ou partes de animais, podendo denotar o ser humano em geral, tudo o que ele é, toda a sua existência. A expressão bíblica "toda carne" é importante para o nosso contexto. Isso significa toda a humanidade ou até mesmo todos os seres vivos. "Toda carne" deve louvar a Deus, diz o Salmo 145,21. "Derramarei meu Espírito sobre toda carne", diz-se em Joel 3,1. A ênfase aqui pode certamente residir na decrepitude do ser humano, em sua fraqueza, sua transitoriedade. No entanto, trata-se sempre do ser humano inteiro, tudo o que o constitui e tudo o que lhe pertence.

Portanto, "ressurreição da carne" significa que todas as pessoas, todos os povos e culturas comparecerão diante de Jesus Cristo, o Juiz do mundo. Já descrevi o que acontece neste julgamento, trata-se da descoberta de tudo o que foi, das coisas boas e ruins; ele é o esclarecimento, a purificação, a transformação e a participação na vida do ressuscitado.

Mas o Novo Testamento diz muito mais. Não diz apenas que cada indivíduo e que todos os povos aparecem diante de Cristo e são julgados por ele. Em Romanos 8,18-25, Paulo fala dos gemidos e queixas de "toda a criação". Ou seja, não são só as pessoas e as nações que gemem e suspiram, toda a criação sofre dores de parto juntamente com o mundo humano, ou seja, a criação subumana também está à espera de libertação e redenção, ela aguarda a "revelação dos filhos e filhas de Deus" (Rm 8,19). Isso quer dizer que toda a criação espera, juntamente com os seres humanos, compartilhar a glória pascal de Cristo.

O Novo Testamento está falando, portanto, de uma tremenda esperança: o Cristo ressuscitado participa da glória do Pai; todos os que creem nele e o amam participam da ressurreição de Cristo; e a criação subumana tem uma parte no que deve acontecer ao homem. Nem sequer penso em tentar imaginar isso. Não podemos.

Tudo que podemos fazer é partir da criação do mundo. Deus chamou tudo à vida e o mantém constantemente em existência. Mas sua criação deve ter um propósito. Pensar que Deus quis o cosmos, o mundo, o homem, a história e as culturas em desenvolvimento apenas para deixar que tudo caísse no nada é uma ideia absurda. Deus criou todas as coisas para conduzi-las à completude, ao seu propósito que é recolher toda a criação para a ressurreição de Jesus e, assim, para a vida eterna de Deus.

E é justamente nesse ponto, Sr. Westerkamp, que você está certo em perguntar sobre o inferno. Você indaga: "A criação de Deus não teria fracassado se no final houvesse pessoas que tivessem de existir em distância eterna de Deus e, portanto, em sofrimento sem fim por toda a eternidade?".

A questão é ainda mais urgente porque o Novo Testamento fala do inferno com certa frequência; contudo, fala com muito mais frequência da vontade salvífica universal de Deus. "Deus quer que todos os homens se salvem" (1Tm 2,4). Deus quer a salvação de todos. Mas será que ele terá êxito nisso? E se uma pessoa não quiser essa salvação?

Suponhamos que haja alguém que não deseja o bem, mas o mal, desejando-o apenas *porque* é o mal; alguém que não quer a verdade, mas a mentira, vivendo-a até o fundo de sua existência; ou alguém que diz "sou autossuficiente, sou meu próprio sentido, só quero a mim mesmo, somente a mim e mais ninguém". Se houvesse tal pessoa – uma pessoa que, como decisão básica de sua existência, estivesse apenas procurando por si mesma e recusando tudo o mais – então Deus teria que deixá-la por conta de si mesma, encerrada em si mesma. Deus não pode dominá-la e certamente não pode violá-la. Tal pessoa então teria realmente apenas a si mesma e isso seria o inferno.

Só podemos esperar que tal pessoa não exista ou que em tais casos a graça de Deus se mostre vitoriosa, rebentando a prisão autoimposta da existência antes da morte da pessoa. Só podemos esperar que o inferno esteja vazio, ou melhor, que ninguém se faça inferno. Mas tais declarações são estabelecidas no nível da pura esperança, não é possível ter certeza sobre isso.

O inferno continua sendo uma possibilidade terrível e é por isso que a Bíblia fala dele. Quem quer eliminar do mundo o discurso sobre o mal, sobre as coisas terríveis de que o homem é capaz e sobre os infernos que ele prepara para si mesmo não torna o mundo mais brilhante e mais humano, mas obscurece seus abismos. Pois falar sobre o inferno abre nossos olhos para a decisão importante e de longo alcance que enfrentamos todos os dias: simplesmente tolerar o mal no mundo, fechar nossos olhos ao sofrimento, à injustiça, à violência ou trabalhar contra o mal em nós mesmos e na sociedade com paciência e no espírito do Evangelho.

O discurso sobre o inferno é necessário para o realismo sóbrio com que devemos olhar a história. É necessário por causa de nossa enorme responsabilidade. Mas esse discurso deve ter sempre um fator contrário muito mais potente, que é a vontade salvífica absoluta de Deus.

Tenho dificuldade em terminar uma carta para vocês dois falando sobre inferno. Mas já devem ter notado que o termo "inferno" significa algo completamente diferente do que normalmente é associado a ele: trata-se de nossa *responsabilidade* pelo mundo. Não devemos observar de braços cruzados enquanto as pessoas odeiam, ferem, caluniam e destroem umas às outras. Devemos tomar uma posição, devemos agir. E podemos fazê-lo seguindo Jesus, podemos fazê-lo na Igreja, que é a presença de Jesus no mundo. Amor e meus cordiais cumprimentos!

49ª Carta

O que significa Páscoa

Cara Sra. Westerkamp, caro Sr. Westerkamp,

Ao final de minhas reflexões sobre a morte e o que nos acontecerá na morte, gostaria de dizer algo sobre a Páscoa. Vocês rapidamente verão o motivo para isso.

Anos atrás, ouvi certa vez a seguinte frase, dita por um pregador: "Páscoa significa que as coisas continuam para nós também após a morte." Essa frase me deixou perplexo. É então verdade que nossa vida "continua", apenas com a diferença de que as dificuldades e o sofrimento chegam ao fim? Que continuamos a viver após a morte mas num ambiente melhor? Seria isso a ressurreição?

Não, não é isso que o Novo Testamento quer dizer com ressurreição. A ressurreição não é viver em melhores condições, ela é precedida por um fim real. Morte significa que simplesmente não se vai além. Morte significa fim, término, que a história de nossa vida é interrompida. Quem não entender isso com muita clareza não entenderá o milagre da ressurreição. Ressurreição significa que a morte é vencida; é justamente a *morte* que é vencida.

Como os judeus, os cristãos levam a morte radicalmente a sério, não a menosprezam. Daí a escuridão da Sexta-feira Santa*, o seu luto e a sua aflição; daí a lacrimosa Mãe de Deus segurando o seu filho morto nos braços, atordoada; daí a sepultura onde jaz o cadáver ensanguentado e dilacerado de Jesus; daí a frase no credo: "desceu à mansão dos mortos"; daí o Sábado de Aleluia* sem liturgia.

Não, a ressurreição não significa que as coisas continuarão como antes, hora após hora, dia após dia, ano após ano. Ressurreição significa que nossa vida realmente chegou ao fim, mas que o Ressuscitado acolhe toda a vida que já vivemos em sua eternidade. O que Deus desperta em Cristo é toda a nossa vida; toda a história que vivemos, desde a concepção até a morte; todos os dias de nossa vida; cada hora que cremos, esperamos e amamos. Nada se perde.

A ressurreição é a colheita da nossa vida. Tudo o que era é então reunido, recolhido por Deus, por isso cada hora que vivemos tem um peso enorme. Todo nosso louvor a Deus que lhe oferecemos hoje ganha a eternidade. Cada sorriso que damos a outra pessoa se torna eternidade. Qualquer sofrimento que suportamos pacientemente será transformado em alegria por Deus. Cada hora de nossa vida dedicada a ajudar outros na fé e a edificar a Igreja se torna um tesouro que não pode ser perdido.

Justamente por isso, o que estamos vivendo agora, aqui, nesta hora, tem um peso tão grande. O que não fizemos aqui também não pode ser ressuscitado. Nossa ação correta é, portanto, de grande importância. *E o que devemos fazer?*

Basta-nos ler os relatos da Páscoa nos evangelhos. O Ressuscitado apareceu a seus discípulos e se mostrou a eles várias vezes. Mas, estranhamente, nessas ocasiões ele nunca falou da felicidade da vida eterna. O Senhor ressuscitado nunca diz a seus discípulos: "Alegrai-vos, eu ressuscitei e, portanto, vós também ressuscitareis. Alegrai-vos com a vida eterna!". As palavras que ele diz aos seus discípulos são invariavelmente sobre o *envio* deles, sobre o fato de que eles devem testemunhar o que ouviram e viram. O Evangelho de Mateus, por exemplo, termina com as palavras do Ressuscitado: "Ide, pois, de todas as nações fazei discípulos, batizando-os em nome do Pai, e do Filho, e do Espírito Santo, ensinando-as a guardar tudo o que vos ordenei. Quanto a mim, eis que eu estou convosco todos os dias, até a consumação dos tempos" (Mt 28,19s.)

Portanto, o que está em jogo nas aparições do Ressuscitado não é a instrução dos discípulos sobre a vida eterna, mas a missão de edificar em todo o mundo comunidades de discípulos que vivam de acordo com o Sermão da Montanha.

Tudo o que importa é conquistar as pessoas para o Evangelho e que elas o vivam. A maioria das pessoas só vai acreditar na ressurreição de Jesus quando vir que esta ressurreição está mudando a vida dos cristãos imediatamente.

Por isso, a esperança da ressurreição nunca pode significar olhar fixamente para o céu e esquecer a terra, mas sim estar presente para os outros, construir Igrejas e testemunhar o evangelho para as pessoas. É por isso que o milagre da ressurreição dos mortos não começa no fim do mundo, mas em todos os domingos. Começa em nosso meio quando lançamos nossos medos para longe de nós, abrimos nossa vida, ajudamos e servimos os outros na Igreja.

Cara Sra. Westerkamp, em sua última carta você me disse algo que inicialmente me pareceu triste: o padre de sua paróquia se aposentou e está ajudando em outro lugar da diocese*. Um padre estrangeiro tomou seu lugar, mas ele não é realmente respeitado na paróquia porque ainda tem dificuldades com nossa língua e porque as pessoas não o conhecem bem. Essa foi a parte triste.

Mas aí veio a segunda parte do seu relatório, você e seu marido não conseguiam entender essa mentalidade. Vocês consultaram os Plettenbergs e passaram a convidar o novo sacerdote para sua casa, corrigem seus sermões toda semana para uma linguagem clara e correta, encorajam-no e ajudam-no da maneira que podem. Fiquei extremamente satisfeito com a atitude das duas famílias (e depois alguns outros se juntaram a vocês). Foi como uma "alegria de Páscoa". É com esta alegria que eu gostaria de terminar minhas "cartas didáticas".

Vocês me pediram que os ajudasse a ter um melhor conhecimento da fé cristã. Isso não foi um trabalho fácil para mim. Não foram poucas as vezes em que suei enquanto escrevia. Sem a sua cooperação, essas 49 cartas não teriam sido possíveis. Agradeço do fundo do coração por tudo o que me deram nas últimas semanas: abertura excepcional e profunda confiança. Por favor, continuem trilhando o caminho que começaram junto com Hannah!

E sigamos conectados uns aos outros na mais cordial amizade!

50ª Carta

O risco da fé

Querida Hannah,

Algum tempo atrás, de repente, ocorreu-me o pensamento de já escrevi tantas cartas para seus pais, mas nenhuma para você. Isso não pode continuar assim. Isso não está certo. Por esse motivo, estou lhe escrevendo esta carta.

À primeira vista, sei pouco sobre você, não sei qual é o seu passatempo favorito. Não sei o que mais lhe interessa. Não sei se você gosta de ler (na sua idade eu era um verdadeiro "rato de biblioteca"). E que coisa terrível! Eu nem sei como você é!

No entanto, também sei algo muito importante sobre você: você mesma decidiu receber a Primeira Comunhão juntamente com seus amigos e, claro, isso também significou que você se deixou batizar. Seus pais me escreveram sobre isso, e realmente me impressionou.

Eu não poderia tomar tal decisão sozinho. Fui batizado quando era criancinha, então nada sei sobre meu batismo. E fui à minha primeira comunhão quando eu tinha oito anos. Também não houve nada parecido com uma decisão pessoal. Eu apenas fiz o que os outros faziam. Na sua idade, você já decidiu algo que era importante para você. Eu só pude tomar decisões importantes quando era bem mais velho.

Claro, haverá mais decisões para você também. A fé é algo que devemos reconquistar o tempo todo. Não é uma coisa simples que todos possamos ter. As coisas realmente grandes e belas da vida são sempre um risco.

Você sabe que seus pais estão enfrentando esse risco. Seu pai se questiona se deve se batizar e assim ser acolhido na Igreja. Nada parece ter sido decidido ainda, tudo ainda está aberto.

No entanto, seus pais estão tentando realmente conhecer a fé cristã e eu os admiro por isso. Eles lidam com essa situação de maneira cuidadosa. Fizeram-me pergunta após pergunta e debateram minhas respostas. Estão até mesmo lendo as Escrituras com frequência. Além disso, tentam se inserir gradualmente na vida da paróquia de São José. Tenho certeza de que ambos farão a coisa certa.

Querida Hannah, você pode se sentir muito feliz por seus pais. Foram dados a você por Deus. Seja sempre grata por tê-los! Nem todo mundo tem pais assim. E lhe desejo muita perseverança em sua atividade como coroinha, mas sobretudo muita alegria em sua fé. Saúdo-a calorosamente.

P.S.: Se você sentir vontade de escrever para mim, isso me deixaria imensamente feliz.

Posfácio e agradecimentos

Este livro foi realmente algo singular. A família Westerkamp nunca existiu e, ainda assim, existe! Não só porque há muitos caminhos de vida semelhantes ao dessa família. Não! É por outro motivo: quanto mais eu escrevia cartas para Westerkamp, mais vividamente essa família se apresentava diante de meus olhos, especialmente Hannah, de nove anos. Às vezes eu me preocupava com os três, mas, principalmente, eu me sentia feliz por eles.

Este livro não teria sido finalizado sem o apoio de Carmelita e Gerd Block, Kristina e Johannes Hamel, Peter Zitta, Alessandro Perego e meu irmão Norbert. Todos eles contribuíram com ideias em algum momento. Mais importante ainda, o interesse deles por este livro me ajudou a escrevê-lo. Hans Pachner, fiel e confiável como sempre, ficou ao meu lado na pesquisa literária. Agradeço-lhe e a muitos outros com quem convivo e que são essenciais na minha vida.

Expresso um agradecimento especial ao Dr. Bruno Steimer, da Verlag Herder, que sempre me incentivou e aconselhou, e à Sra. Antje Bitterlich, que trabalhou em todo o projeto com seu habitual esmero.

Glossário

Abade. A palavra é derivada do latim tardio *abbas* que, por sua vez, remonta ao aramaico *abba* (pai). O abade é o superior de um mosteiro e, por conseguinte, de uma comunidade de monges. O equivalente feminino é "abadessa". De acordo com a influente Regra de São Bento, o abade é eleito pelos monges (cap. 64). No entanto, no curso da história da Igreja esse direito de voto foi ocasionalmente restringido por intervenções externas ou até mesmo abolido.

Abrão/Abraão. Abraão é inicialmente chamado "Abrão" na Bíblia (Abrão = "meu pai é elevado"). Isso provavelmente se referia ao Deus que protegia a pessoa em questão, significando "Meu Deus protetor é elevado". Em Gênesis 17,5 o nome "Abrão" é então mudado para "Abraão" = "pai de uma multidão (de povos)". Ele é o primeiro dos três patriarcas: Abraão, Isaac e Jacó.

Água benta. Água que foi consagrada pelo sacerdote com uma oração de bênção. Destina-se a lembrar aos fiéis o batismo. Além disso, como todas as bênçãos, expressa que o mundo está sob a bênção do Criador e é santificado por Cristo.

Antífona. Refrão que pode ser repetido várias vezes. Um belo exemplo no Antigo Testamento é o Salmo 136. O propósito original da antífona é envolver toda a comunidade no canto dos salmos.

Antigo Testamento. A Bíblia consiste no Antigo e no Novo Testamento. Ambos formam uma unidade inseparável. Vários teólogos falam do "Primeiro" e do "Segundo Testamento", em vez de Antigo e Novo Testamento. Esta regra linguística pretende neutralizar a impressão de que o Antigo Testamento seja ultrapassado, sendo substituído pelo Novo Testamento. A intenção de tais teólogos é boa, mas não ajuda. Pois até mesmo um "primeiro testamento" é legalmente substituído por um "segundo testamento" e se torna, portanto, inválido. Adoto conscientemente a terminologia usual. É claro que o Antigo Testamento não é ultrapassado, nem é substituído pelo Novo Testamento. "Testamento", nesse contexto, representa a palavra bíblica "aliança". É preciso simplesmente perceber que a "Nova Aliança" não é uma aliança que toma o lugar da aliança de Deus com Israel; em vez disso, ela a "renova" e lhe dá uma qualidade escatológica.

Bendita. Palavra antiga na oração "Ave-Maria", derivada do verbo latino *benedicere* (= abençoar).

Bispo. A palavra "bispo" deriva da antiga palavra grega *episkopos* (= supervisor, vigia). Na Igreja católica, o episcopado é o nível mais alto do sacramento da ordem. Normalmente, o bispo é o chefe de uma diocese e também é membro do colégio de todos os bispos. Os bispos são os sucessores dos apóstolos. O representante do bispo é chamado de "vigário episcopal".

Breviário. Um breviário é um livro com todos os textos necessários para a "liturgia das horas" (que consiste principalmente em salmos e leituras distribuídas ao longo do dia).

Calcedônia. Antiga cidade portuária, hoje bairro de Istambul. Lá ocorreu em 451 d.C. o importante concílio ecumênico (= geral) de Calcedônia.

Casula. A casula faz parte da vestimenta litúrgica do padre. Trata-se de uma longa capa sem mangas. A casula geralmente tem a cor litúrgica do dia, ou seja, branco, vermelho, verde ou roxo.

Catecismo. Um catecismo é um manual maior ou menor que ensina sobre os conteúdos mais importantes da fé cristã. Acima de tudo, são explicados o Credo dos Apóstolos, os Dez Mandamentos, os Sacramentos e a oração.

Causas secundárias. O conceito pressupõe que Deus é a "causa primeira" de toda a criação. Ele mantém o mundo em existência. No mundo criado por Deus há, no entanto, inúmeras "causas secundárias", descritas, por exemplo, pela física ou pela história. Quando o ser humano age, o faz como uma causa secundária. Mas Deus pode agir como causa primeira "por meio dos seres humanos". Ele nunca intervém direta e pontualmente no mundo, sempre age por meio de causas secundárias, caso contrário, ele próprio iria se tornar uma segunda causa.

Celebração da Eucaristia. Na Igreja Católica, em vez de "celebração da Eucaristia", muitas vezes se diz simplesmente "Santa Missa". "Eucaristia", estritamente falando, significa a segunda parte da Santa Missa. Ela se estende desde a preparação das oferendas até a bênção com a qual os fiéis são dispensados. No entanto, toda a celebração também pode ser chamada de "celebração eucarística".

Coleta. Durante a celebração da Eucaristia, coleta-se dinheiro numa cesta para fins religiosos ou caritativos. Em seguida, os acólitos trazem o dinheiro arrecadado para o altar.

Comunhão. A palavra "comunhão" vem do latim (*communio*) e significa "comunidade". O que se entende por isso é a comunhão, a união com Jesus Cristo ao receber a Eucaristia.

Paulo escreve em 1 Coríntios 10,16: "O pão que partimos não é uma comunhão com o corpo de Cristo?".

Concílio. Os concílios são assembleias dos bispos católicos de todo o mundo, que, sob a presidência do Papa, discutem questões urgentes da fé e da vida da Igreja.

Confissão. Na maioria dos casos, a palavra "confissão" designa o "sacramento da reconciliação" com tudo o que o acompanha – exame de consciência, arrependimento, conversão, confissão de culpa, absolvição e eventual expiação. No entanto, "confissão" também pode significar uma parte do sacramento, ou seja, a confissão de culpa para o padre.

Constituição. Nos textos oficiais do Vaticano II, "constituições" são documentos solenes com força legal variável. A "Constituição Dogmática sobre a Igreja" (*Lumen Gentium*), promulgada em 1964, é particularmente importante.

Convento. Convento aqui significa a reunião de uma comunidade monástica.

Cordeiro de Páscoa. A festa judaica da Páscoa incluía o consumo do cordeiro pascal. O fundamento bíblico é Êxodo 12,1-14. No tempo de Jesus, os cordeiros da Páscoa eram abatidos no Templo. Então, cada família que subia a Jerusalém para a festa constituía um grupo de comensais que devia ser grande o suficiente para que o cordeiro fosse totalmente consumido. A refeição em que o cordeiro era comido era chamada de refeição do Seder. É bastante provável que a "Última Ceia", ou seja, a última refeição de Jesus com seus discípulos, tenha sido a refeição do Seder na véspera da festa da Páscoa. Na refeição do Seder judaica de hoje não se consome mais um cordeiro inteiro; cada participante recebe em seu prato um pequeno pedaço de cordeiro. O Novo Testamento se refere a Cristo como o cordeiro pascal imolado (1Cor 5,7).

Coroinha/acólito. Crianças, adolescentes ou adultos que assumem tarefas especiais durante a missa na Igreja Católica Romana. Por exemplo, eles levam pão e vinho ao altar durante a "preparação das oferendas" ou recolhem as doações em dinheiro (coleta). Durante missas solenes, carregam velas ou manuseiam o turíbulo.

Credo dos Apóstolos. O Credo dos Apóstolos diz o seguinte: "Creio em Deus Pai todo-poderoso, criador do céu e da terra, e em Jesus Cristo seu único filho, nosso Senhor, que foi concebido pelo poder do Espírito Santo, nasceu da Virgem Maria, padeceu sob Pôncio Pilatos, foi crucificado, morto e sepultado, desceu à mansão dos mortos, ressuscitou ao terceiro dia, subiu aos céus e está sentado à direita de Deus Pai todo-poderoso, donde há de vir e julgar os vivos e os mortos. Creio no Espírito Santo, na Santa Igreja Católica, na comunhão dos santos, na remissão dos pecados, na ressurreição da carne e na vida eterna. Amém". Por certo, a formulação desse antigo credo não se reporta aos doze apóstolos. No entanto, seus componentes concernem em grande parte aos tempos do Novo Testamento. No que diz respeito à forma, é uma ampliação do credo batismal romano antigo. Como o Credo dos Apóstolos teve seu lugar originário na celebração do batismo, ele não contém todo o corpo da fé. A proclamação do reino de Deus por Jesus, por exemplo, não aparece. A palavra "católica" aqui ainda não tem o significado denominacional posterior, mas significa "geral", "abrangente", "universal". O Credo também tem seu lugar na celebração da Eucaristia.

Cristológico/cristologia. A cristologia é o estudo da pessoa e obra de Jesus Cristo. É uma das áreas mais importantes da teologia sistemática. A teologia sistemática investiga as declarações de fé da Igreja.

Cristo. O nome vem da antiga palavra grega *khristós* e significa literalmente "ungido". No antigo Israel, os reis em particular, mas também os sumos sacerdotes, eram empossados em seus cargos por meio de uma unção com óleo. Assim, os reis eram "ungidos". O rei esperado no final dos tempos, que libertaria Israel, num sentido elevado foi chamado de "ungido"; *maschiach* = Messias, em hebraico. Portanto, "Cristo" significa "o Messias". Na Igreja, desde o início, Cristo foi um dos títulos mais importantes dado a Jesus.

Diocese. Em geral, a diocese é um grande distrito administrativo eclesiástico, delimitado territorialmente, presidido pelo bispo. É dividida em paróquias. Existem atualmente cerca de 3.000 dioceses na Igreja católica romana.

Diácono. Derivado da antiga palavra grega *diakonos* = servo, ajudante. Na Igreja Católica, o diaconato é o primeiro estágio do sacramento da ordem. Os diáconos têm autoridade para proclamar o Evangelho, pregar e administrar a Sagrada Comunhão durante a celebração litúrgica. Também batizam, celebram matrimônios e ministram extraordinariamente as exéquias.

Doutrina cristã da Trindade. É baseada na palavra latina *trinitas* = tríade. Ela se refere à doutrina cristã do Deus trino: um Deus único em três pessoas.

Doxologia. Uma doxologia é o louvor solene do Deus Trino, geralmente na conclusão de uma oração. Assim, a Oração Eucarística termina com a doxologia: "Por Cristo, com Cristo, em Cristo, a vós, Deus Pai todo-poderoso, na unidade do Espírito Santo, toda a honra e toda a glória, agora e para sempre. Amém."

Doze Tribos. No Antigo Testamento, Israel é descrito como um povo das doze tribos (Gn 49; Dt 33; Is 4). As tribos têm o nome dos doze filhos de Jacó: Rúben, Simeão, Levi, Judá, Issacar, Zabulon, José, Benjamim, Dan, Neftali, Gad e Aser (Gn 35,22-26).

Encíclica. Uma encíclica é uma circular, ou seja, uma carta para vários destinatários. Em seu significado especial, é uma carta de ensino do Papa a todos os bispos, a toda a Igreja ou a todas as pessoas (como a encíclica *Pacem in terris*, do Papa João XXIII). A língua original de uma encíclica papal é o latim e ela é citada de acordo com suas primeiras palavras.

Epíscopo. A antiga palavra grega *episkopos* significava "supervisor, vigia". A palavra "bispo" deriva de *episkopos*. Na Grécia antiga, muitos cargos civis podiam ser descritos por esse termo, por exemplo, o inspetor do porto. No Novo Testamento, os epíscopos aparecem pela primeira vez como um grêmio, ou seja, como uma espécie de "conselho de anciãos" (Fl 1,1). O bispo individual prevalece na Igreja apenas algumas décadas depois, especialmente no confronto com hereges.

Estola. A estola faz parte da veste litúrgica do bispo, do presbítero e do diácono. Consiste numa faixa de tecido colocada sobre os ombros, pendendo diante do peito (ou a tiracolo, no caso do diácono) como uma echarpe. Geralmente, a estola é usada sob a veste exterior litúrgica, mais precisamente nas seguintes cores litúrgicas: branca, vermelha, verde ou roxa. Na Antiguidade, a estola era originariamente um tipo de lenço de pescoço, que foi sendo cada vez mais estilizada, para gradualmente se transformar em um sinal do cargo.

Expiação. Na Bíblia, a expiação é um evento salvífico que procede de Deus. A expiação dada por Deus rompe a conexão entre o pecado e a esfera de danação que envolve todo pecado. O Novo Testamento diz que Cristo expiou nossos pecados. Isso significa: ele nos deu a possibilidade de um novo começo. Assim, o conceito bíblico de expiação significa algo diferente do que comumente entendemos por expiação. Geralmente, quando falamos de expiação no dia a dia, pensamos que uma pessoa que se tornou culpada deve reduzir essa culpa fazendo uma compensação, por exemplo, pagando uma multa em dinheiro.

Festa da Ascensão. Festa no 40º dia do período de 50 dias da Páscoa. Seu conteúdo é a narrativa de Atos 1,1-11, em que o fim das aparições da Páscoa é narrado na forma de um arrebatamento de Cristo para o céu. A celebração do 40º dia remete a Atos 1,3.

Festa de *Pessach*. As comunidades judaicas celebram a Festa de *Pessach*, juntamente com a Festa dos Pães Ázimos, durante oito dias para comemorar a libertação do Egito. A festa da Páscoa cristã tem sua base na festa de *Pessach*. Veja também o verbete "Refeição do Seder".

Israel. Neste livro, "Israel" nunca se refere ao Estado atual de Israel, mas sempre ao Israel bíblico.

Leigo. No passado, os chamados "leigos" na Igreja eram definidos como os crentes não portadores de cargos. O Concílio Vaticano II rompeu esse entendimento. Ele fala da elevada missão de todos os crentes que, por meio do batismo e da confirmação, já são enviados para dar testemunho do Evangelho. Quando o Concílio Vaticano II concedeu novo espaço ao conceito bíblico de "povo de Deus", amenizou-se o acentuado contraste entre leigos e ministros.

Liturgia. O termo "liturgia" vem do grego antigo, com o significado de "serviço público". Por consequência, a liturgia é o serviço oficial e público da igreja, em oposição às devoções privadas. A mais importante, mas não a única forma de liturgia, é a celebração dos sacramentos, especialmente a celebração da Eucaristia. O pré-requisito para toda liturgia é a autocomunicação de Deus na história, por isso que a ação de Deus é narrada e lembrada em muitos pontos da liturgia. Nos sacramentos, faz-se presente a ação histórica de Deus por meio de Jesus Cristo. A resposta para isso é o louvor.

Lucerna/lâmpada. A lucerna é uma lâmpada num vidro vermelho permanentemente acesa ao lado do sacrário. É um sinal da presença eucarística de Jesus Cristo. Como o sacrário muitas vezes fica em uma capela lateral, a lucerna também é um sinal para os que rezam. Linguisticamente, "lucerna" alude à promessa profética do futuro em Isaías 60,19: "Doravante, a luz do dia para ti não será mais o sol, nem a lua com seu luar, a luz da noite. É o Senhor que será para ti a luz perene, o teu Deus será o teu esplendor".

Magnificat. O Magnificat se encontra em Lucas 1,46-55. É um salmo que a mãe de Jesus diz ao visitar sua prima Isabel.

Missa. A forma mais importante de culto na Igreja, que consiste na liturgia da palavra e na celebração da Eucaristia. A palavra é derivada do latim *missa* (= despedida). O que antes se referia apenas à bênção final e à despedida dos fiéis passou a ser o nome de todo o serviço divino na Idade Média, um indício de que a parte decisiva do serviço não era a grande ação de graças a Deus, mas a bênção transmitida pela missa.

Monoteísmo. Crença em um só Deus. Em Israel, em particular, profetas e teólogos difundiram o monoteísmo estrito desde o exílio babilônico. Antes disso, havia uma "adoração exclusiva" de Yhwh em Israel, que ainda contava com a existência de outros deuses. Yhwh (pronuncia-se Yahweh) é o nome de Deus no Antigo Testamento (cf. Ex 20,2s.).

Natal. Festejado em 25 de dezembro, é uma das solenidades cristãs. Neste dia a Igreja Ocidental celebra o nascimento de Jesus. No entanto, a data cronológica de seu nascimento é desconhecida.

Noite de Páscoa. A ressurreição de Jesus é celebrada por 50 dias. Mas o ponto alto de toda celebração da Páscoa é a Vigília Pascal. A comunidade cristã se reúne nessa noite para celebrar a ressurreição de Jesus do sepulcro e também sua ressurreição. Fazem parte da Vigília Pascal a escuridão inicial, o fogo pascal que ilumina a noite, o círio pascal, que é símbolo do Ressuscitado, as velas dos fiéis acesas com a chama do círio pascal, o *"Exultet"* (canto solene de louvor ao círio pascal e ao mistério dessa noite) e sete leituras do Antigo Testamento, sobretudo a história da saída do Egito. Em seguida, lê-se o Evangelho da Páscoa como ponto alto da celebração da palavra; depois ocorre a consagração da água batismal após a qual todos os crentes renovam suas promessas batismais; por fim há a celebração festiva da Eucaristia. No *Exultet* o diácono canta: "Esta é a noite em que libertastes do cativeiro do Egito os filhos de Israel, nossos pais, e os fizestes atravessar a pé enxuto o Mar Vermelho. Esta é a noite em que a coluna de fogo dissipou as trevas do pecado. Esta é a noite que liberta das trevas do pecado e da corrupção do mundo aqueles que hoje por toda a terra creem em Cristo, noite que os restitui à graça e os reúne na comunhão dos Santos. Esta é a noite em que Cristo, rompendo as cadeias da morte, levanta-se glorioso do túmulo. De nada nos serviria ter nascido se não tivéssemos sido resgatados".

Novo Testamento. O Novo Testamento é composto pelos quatro evangelhos, pelos Atos dos Apóstolos, pelas vinte e uma cartas às comunidades cristãs, bem como pelo Apocalipse de João, totalizando 27 escritos. O Novo Testamento forma uma unidade orgânica com o Antigo Testamento, é a derradeira e definitiva camada de interpretação e significado dos escritos veterotestamentários.

Oração. Trata-se de uma oração curta e de estilo solene, dita em voz alta pelo padre. Há três orações na Santa Missa: a "oração da coleta", antes das leituras; a "oração do ofertório", no final da apresentação das oferendas; e a "oração final" antes da bênção. A brevidade das orações deve-se ao fato de que, após o convite à oração ("Oremos"), deve haver uma pausa durante a qual os fiéis possam rezar individualmente. A oração que se segue é apenas a conclusão e resumo da oração silenciosa da comunidade. Infelizmente, essa pausa muitas vezes não é observada. Muitas orações são bastante antigas, como também belos exemplos da liturgia romana antiga.

Oração eucarística. A oração eucarística é a parte central da Santa Missa. Segue-se à preparação das oferendas e inicia-se com um diálogo entre o padre e a comunidade:

> Padre: – O Senhor esteja convosco!
> Com.: – Ele está no meio de nós!
> Padre: – Corações ao alto!
> Com.: – O nosso coração está em Deus!
> Padre: – Demos graças ao Senhor nosso Deus!
> Com.: – É nosso dever e nossa salvação!

Só esse diálogo já mostra a importância do que está acontecendo: agradecimento solene de toda a Igreja pelo que Deus fez e sobretudo pela obra de Cristo. No meio desta ação de graças (= *eukharistia*), o Espírito Santo é invocado sobre as oferendas do pão e do vinho, e a última ceia de Jesus é relembrada. Mediante esta lembrança com ação de graças, Jesus se faz presente no pão e no vinho. A Oração Eucarística termina com uma doxologia particularmente solene.

Ordens. Comunidades eclesiásticas de homens ou mulheres que levam uma vida comum (*vita communis*) e são comprometidos com a pobreza, castidade e obediência a Deus.

Pai-nosso. O próprio Jesus ensinou esta oração aos seus discípulos. Ela chegou até nós em duas versões: Mateus 6,9-13 e Lucas 11,2-4. A versão original jesuânica só pode ser reconstruída. No que diz respeito à forma geral, Lucas está mais próximo da versão original. Nas formulações individuais, especialmente na quinta petição, Mateus é mais originário. O pai-nosso nos permite reconhecer coisas cruciais sobre o que Jesus queria e o que ele viveu. Eis o texto do pai-nosso: "Pai nosso, que estás nos céus, dá a conhecer a todos quem tu és, faze com que venha o teu Reinado, faze com que se realize a tua vontade, na terra, à imagem do céu. Dá-nos hoje o pão de que precisamos, perdoa-nos as nossas faltas contra ti, como nós mesmos temos perdoado aos que tinham faltas contra nós, e não nos introduzas na tentação, mas livra-nos do Tentador. Pois teus são os reinos, o poder e a glória, para sempre. Amém".

Paróquia. Cada diocese é dividida em unidades chamadas paróquias. O responsável pelo cuidado das almas é o pároco. O sistema de tais unidades desenvolveu-se historicamente. A dimensão das paróquias está também sujeita às circunstâncias históricas e locais. Além das paróquias territoriais, existem as pessoais, como as comunidades religiosas estudantis.

Páscoa. A Páscoa é a festa suprema do cristianismo. Celebra a ressurreição de Jesus. Qualquer domingo é, como "primeiro dia da semana" (Mc 16,2) e como "Dia do Senhor", uma pequena festa da Páscoa. Além disso, a Páscoa é celebrada liturgicamente durante 50 dias. A época da Páscoa é particularmente caracterizada pelo "Aleluia" pascal. Pentecostes é a festa que conclui a Páscoa.

Pentecostes. A palavra "pentecostes" é tradução do grego antigo *pentekosté* = o quinquagésimo (dia). O pentecostes é comemorado no 50º dia da Páscoa, ou seja, 49 dias após a Páscoa. O tema central é a descida do Espírito Santo sobre os discípulos reunidos, descrita em Atos 2,1-13.

Politeísmo. Forma de religião em que se adora uma variedade de deuses. Mas, muitas vezes, há um deus supremo ou principal. Em muitos sistemas de deuses politeístas, os deuses não estavam nitidamente separados do mundo. Eles representavam forças da natureza ou da história.

Presbítero. A palavra "presbítero" vem do grego antigo e significa literalmente "ancião". No início do judaísmo já havia anciãos que eram responsáveis por uma comunidade da sinagoga. Essa instituição foi assumida pela igreja primitiva em Jerusalém (At 15,2-4). Do serviço do presbítero, desenvolveu-se em várias etapas o ofício eclesiástico do padre.

Primeira comunhão. A primeira recepção da Sagrada Comunhão, hoje principalmente na idade de 8 ou 9 anos. Com poucas exceções, a Primeira Comunhão é uma celebração conjunta das crianças com a paróquia.

Purgatório. Uma vez que na morte o ser humano ímpio não pode estar diante do Deus santo, ele deve ser purificado no encontro com Deus. Este processo de purificação, que abrange toda a existência e história da pessoa em questão, é chamado "purgatório", do latim *purgatorium*.

Reencarnação. Algumas religiões, especialmente muitas das atuais visões de mundo esotéricas, estão convencidas de que a alma do ser humano ou algumas das energias de sua vida reencarnam após a morte (transmigração de almas).

Refeição do Seder. A noite do Seder, com a refeição do Seder, é a véspera da festa da Páscoa judaica. A libertação de Israel do Egito é comemorada numa refeição altamente ritualizada, para a qual toda a família se reúne. A base bíblica para a refeição do Seder é Êxodo 12.

Reino dos céus. Não é, de modo algum, outra expressão para céu, significando exatamente o mesmo que "reino de Deus". No judaísmo, a palavra "Deus" era e é frequentemente parafraseada por expressões "o Nome", "o Santo" ou "o Céu". Em contraste com os evangelistas Marcos e Lucas, Mateus sempre fala (com exceção de quatro passagens) do "Reino dos céus" em vez do "Reino de Deus".

Sabedoria (como pessoa). No Antigo Testamento, a sabedoria pode ser descrita como pessoa: embora tenha sido criada por Deus, já estava presente na criação do mundo. É, por assim dizer, o "projeto" da criação. Cf. especialmente Provérbios 8,22-36; Sirácida 24,3-22; Sabedoria 7,22-8,1. Na teologia de Israel, essa sabedoria personificada logo foi identificada com a Torá.

Sábado de Aleluia. O dia imediatamente antes da Páscoa. O Sábado de Aleluia é o único dia na Igreja Católica em que não há serviço religioso. A razão: o descanso de Cristo na sepultura.

Sacerdote. Sacerdócio e sacerdotes existem em muitas religiões. Nelas, a principal tarefa dos sacerdotes é oferecer sacrifícios aos deuses. Jesus e as Igrejas do Novo Testamento mantiveram clara distância desse tipo de sacerdócio, pois a atividade de Jesus significa a perfeição e, com isso, o fim de todos os sacrifícios (Hb 7,25-28). Os sacerdotes da Igreja não oferecem novos sacrifícios, mas têm o poder de tornar presente na oração eucarística o único e eterno sacrifício que é Jesus Cristo. Eles representam Cristo. Assim, as designações oficiais das comunidades do Novo Testamento provêm conscientemente da área não cultual (epíscopos, presbíteros, diáconos). Isso por si só mostra que os cargos institucionais também são algo natural para o Novo Testamento e estão fundamentados no envio dos doze discípulos por Jesus (Mc 3,13-19). Esse envio é fundamental para a Igreja. Nas décadas seguintes desenvolveu-se, tornando-se uma estrutura de serviços eclesiásticos que mais tarde foram divididos no tríplice ofício de bispo, padre, diácono e outros serviços. Encarregado pelo bispo, além de presidir a celebração eucarística, o sacerdote tem a missão de pregar o Evangelho, reunir e liderar a comunidade cristã (serviço pastoral).

Salmo. Um salmo é uma canção originalmente cantada com o acompanhamento de um instrumento de cordas. Muitos dos salmos de Israel estão reunidos e organizados no Livro dos Salmos.

Saltério. Saltério originalmente significava um antigo instrumento musical oriental semelhante à nossa cítara. Posteriormente, no Antigo Testamento, adquiriu o significado de "Livro dos Salmos", contendo 150 salmos. Os Salmos podem apresentar todos os tipos de oração: lamentação, súplica, ação de graças, louvor. O "Livro dos Salmos" não era de modo algum um hinário para o culto nas primeiras sinagogas judaicas, muito menos para o culto no Templo (embora também contenha alguns cânticos ou partes de cânticos que eram cantados outrora no culto do Templo). Esse livro era usado nas primeiras assembleias judaicas mais "privadas", tratando-se de um livro de meditação. Há também salmos em outras partes da Bíblia, por exemplo, o "cântico da vitória no Mar Vermelho", em Êxodo 15,1-18; ou o "Benedictus", em Lucas 1,68-79. A liturgia da igreja recorre com frequência aos Salmos. O "Livro dos Salmos" forma a base para as ordens fixas de oração para religiosos e sacerdotes (Liturgia das horas, Breviário). Um pequeno livro, bastante prático, em que todos os salmos são impressos, também é chamado de Saltério.

Sexta-feira Santa. Sexta-feira Santa é a sexta-feira antes da Páscoa ou a sexta-feira da Semana Santa. Na Sexta-feira Santa, a Igreja relembra a morte de Jesus Cristo na cruz [celebração da Paixão de Cristo].

Sinal da cruz. Abençoar a si mesmo ou a outro com o sinal da cruz é um antigo costume cristão que remonta ao século II d.C. Originalmente, o sinal da cruz era feito apenas na testa. Hoje, os dedos da mão direita tocam primeiro a testa, depois o peito, em seguida o ombro esquerdo e, por fim, o direito, criando a figura de uma cruz. Pode-se dizer "Em nome do Pai e do Filho e do Espírito Santo".

Sacrário/Tabernáculo. Um estojo artístico para armazenar a forma do pão da Eucaristia. Esse armazenamento é usado para a comunhão dos doentes e moribundos, mas sobretudo para a adoração eucarística. A palavra "tabernáculo" deriva do termo latino *tabernaculum* (= tenda, cabana). O contexto bíblico é o tabernáculo do Antigo Testamento, que foi conduzido quando Israel vagou pelo deserto (Ex 26-27) e era o lugar da presença de Deus (Ex 40).

Sura. Seção no Alcorão, uma espécie de capítulo. O Alcorão tem um total de 114 suras. As mais longas estão no início, as mais curtas, no final.

Torá. A Bíblia hebraica consiste em três partes: a Torá, os Profetas e os "Escritos". A Torá propriamente dita é composta por cinco livros que, de acordo com a Bíblia grega, são chamados, na Igreja católica, Gênesis, Êxodo, Levítico, Números e Deuteronômio (segundo o costume protestante: 1º, 2º, 3º, 4º e 5º livro de Moisés). No entanto, a palavra "Torá" também tem outros significados. No judaísmo, por exemplo, também pode se referir ao rolo da Torá ou a toda a Sagrada Escritura. A palavra "Torá" é mais bem traduzida não como "Lei", mas como "Instrução".

Zelote(s). Combatentes judeus que no século I d.C. lutaram pela liberdade de Israel contra o poder da ocupação romana. Segundo seu entendimento, o primeiro mandamento significava que somente Deus podia ser o Senhor em Israel, não o imperador romano.

Nomes e abreviaturas dos livros bíblicos

Antigo Testamento

Gênesis	Gn
Êxodo	Ex
Levítico	Lv
Números	Nm
Deuteronômio	Dt
Josué	Js
Juízes	Jz
Rute	Rt
1 Samuel	1Sm
2 Samuel	2Sm
1 Reis	1Rs
2 Reis	2Rs
1 Crônicas	1Cr
2 Crônicas	2Cr
Esdras	Esd
Neemias	Ne
Tobias	Tb
Judite	Jt
Ester	Est

1 Macabeus   1Mc
2 Macabeus   2Mc
Jó   Jó
Salmos   Sl
Provérbios   Pr
Eclesiastes   Ecl
Cântico dos Cânticos   Ct
Sabedoria   Sb
Sirácida   Sr
Isaías   Is
Jeremias   Jr
Lamentações   Lm
Baruc   Br
Ezequiel   Ez
Daniel   Dn
Oseias   Os
Joel   Jl
Amós   Am
Abdias   Ab
Jonas   Jn
Miqueias   Mq
Naum   Nm
Habacuc   Hab
Sofonias   Sf
Ageu   Ag
Zacarias   Zc
Malaquias   Ml

Novo Testamento

Evangelho de Mateus   Mt
Evangelho de Marcos   Mc
Evangelho de Lucas   Lc
Evangelho de João   Jo
Atos dos Apóstolos   At

Epístola aos Romanos	Rm
1ª Epístola aos Coríntios	1Cor
2ª Epístola aos Coríntios	2Cor
Epístola aos Gálatas	Gl
Epístola aos Efésios	Ef
Epístola aos Filipenses	Fl
Epístola aos Colossenses	Cl
1ª Epístola aos Tessalonicenses	1Ts
2ª Epístola aos Tessalonicenses	2Ts
1ª Epístola a Timóteo	1Tm
2ª Epístola a Timóteo	2Tm
Epístola a Tito	Tt
Epístola Filêmon	Fm
Epístola aos Hebreus	Hb
Epístola de Tiago	Tg
1ª Epístola de Pedro	1Pd
2ª Epístola de Pedro	2Pd
1ª Epístola de João	1Jo
2ª Epístola de João	2Jo
3ª Epístola de João	3Jo
Epístola de Judas	Jd
Apocalipse	Ap

Edições Loyola

editoração impressão acabamento

Rua 1822 nº 341 – Ipiranga
04216-000 São Paulo, SP
T 55 11 3385 8500/8501, 2063 4275
www.loyola.com.br